Ⓢ新潮新書

山本直人
YAMAMOTO Naoto

聞いてはいけない

スルーしていい職場言葉

1009

新潮社

聞いてはいけない　スルーしていい職場言葉●目次

第2章　新しそうだけど正しいのか

第3章　呪縛の言葉から解放されよう

はじめに――困った言葉から解放されよう

悩みは言葉から生まれてくる

人事関係の仕事をしている人の間で、以前から言われていることがあります。それは、「仕事の悩みの八割は人間関係」というものです。私が耳にした頃は特にデータなどもなく、人事畑の人間が持つ肌感覚のようなものでした。いまでも現場の人に聞いてみると、やはり同じような感覚のようです。

そもそも「仕事ができない」という場合は、いろいろ指導などをおこない、それでもダメなら最終的には付与する業務を変えるしかありません。また、「仕事量が多い」ということに対しては、早めに改善されるようになってきました。

しかし、人間関係をめぐる問題はずっと続いています。そして、その理由を訊ねていくと、多くの場合は言葉のやり取りが原因となっています。

「いきなり殴られた」ような話は、普通の職場ではまずありません。考えてみれば、仕事というのは言葉のやり取りがあって進んでいきます。そして、人と人の関係は言葉によって築かれていきます。一方で、言葉はまた関係を不安定にすることもあります。

上司からの叱責、同僚からの皮肉、得意先からのクレームなどは、ストレスの原因となります。いっぽうで、称賛や感謝、あるいは励ましの言葉はモチベーションを高めます。

あらためて考えても、仕事において言葉の果たす役割の大きさに気づくことでしょう。また、仕事をしていく中で接する言葉は、身近な人々が発するものだけではありません。組織のリーダーが言う言葉もあれば、メディアを通じて広まる言葉もあります。そして、誰もがそれらの言葉からの影響を知らないうちに受けているはずです。

前向きな気分にさせてくれる言葉であれば、その内容をよく覚えていることも多いようです。しかし、言葉によってネガティブな気持ちにさせられた場合は、その内容すら記憶の中で曖昧になることもあります。「なんだかモヤモヤする」といった原因をたどると、特定の言葉に行き着くこともあります。

本当は無視してもいいような言葉に影響されたり、流行り言葉に振り回されたりして消耗してしまう。そういうことをできる限り減らしていくためにも、言葉との付き合い方について、いま一度考える必要があるのではないでしょうか。

気になる言葉はどこから来るか

では、こうした言葉について気にするようになった背景について、まず整理してみようと思います。

私は、学校を卒業して広告会社に入りました。コピーライターとして広告制作の仕事に携わり、やがてマーケティングの研究をおこないました。その後、人事部門に異動しておもに人材開発の仕事に関わってきました。

独立してからは、さまざまな企業のお手伝いをしてきました。また、大学でもマーケティングやメディアについて教えています。

そのため、さまざまな業種の幅広い年代の人と接する機会を持ってきました。マネジメント層の方からの相談もあれば、若手社員や学生からの本音を聞くこともあります。

そこでは、さまざまな言葉に対する誤解やすれ違い、また知らないうちに言葉に縛られているようなケースがたくさんあることに気づいたのです。

私がそのようなことに気づくようになったのには、三つの視点があったと考えています。

一つは、言葉の意味が時代や文脈によって変化するという視点です。これは、マーケティングの基本的な考え方と密接に結びついています。

マーケティングというと、最近ではデジタル技術を駆使して消費者に対して販売促進をおこなうシステムを連想する人も多いと思います。もちろん、そのようなアプローチは盛んになっていますが、そもそも根っこにあるのは「言葉による意味付け」です。

人々は、同じ事実でも「どのような言葉で、どのように言われているか」ということによって、印象を大きく変化させるのです。

一つの例として、「商品を定価より安く販売する催し」をどのように表現してきたか考えてみましょう。

まず連想するのは「バーゲン」や「セール」という言葉でしょう。これが現在の主流だと思います。

しかし、時代をさかのぼれば直截的に「大安売り！」と看板を掲げている店もありました。現在ではほとんど見ませんが「出血大サービス」というような宣伝文句も見られたことがあります。

人が「安くなっているもの」を買うのは、とても自然です。しかし、その際にはちょっとした引け目を感じていることもあります。これは、インタビューなどの調査で知ることができます。

「お得であること」は、たしかに嬉しい。しかし「おカネがないから安くなってから買っている」ということは事実であっても、人からは言われたくないのです。そのような心理に配慮することで、単に「安い！」というような表現は減ってきました。

そして、セールを利用する人は「賢い人」と言われると安心します。「定価より安く買うことで、他のモノやサービスへの消費が可能になる」というのであれば、それは豊かな生活だと感じられるでしょう。

近年は「生活応援セール」というような表現も増えました。価格が高いか低いかということは直接的に表現されてはいません。むしろ「あなたの味方です」というニュアンスが伝わってくるでしょう。

このように、マーケティングの世界では言葉の使い方によって、同じ事実に対して異なる意味を付与することができます。

そうした思考で世の中のさまざまな言葉を見ていくと、ちょっとしたニュアンスで印象が異なり、それが時には心理的な引っ掛かりになることもわかってくるのです。「働き過ぎ」が問題になりましたが、なかなか状況が変わらない中で「ワーク・ライフ・バランス」という言葉が定着してきました。「もっと働け」とはなかなか言えない一方で、「もっと休め」という命令も難しいものがあります。そういう中で新しい意味を持たせた言葉でしょうが、これは本当に人々に幸せをもたらしたのでしょうか。

こうした例についても、この後で考えていきたいと思います。

これが、第一の視点です。

言葉が人を束縛する

二つ目の視点は、言葉が人の気持ちや行動にいかに大きな影響を及ぼすのか？　ということです。人が他者に対して直接発する言葉は時には縄のように受け手を縛ることもあれば、また解放することも可能です。

これは、職場だけではなく生活のあらゆる場面で起きていることでしょう。何気ない言葉が気持ちの底に棘《とげ》のように引っかかる体験は誰にでもあると思います。

私は人事セクションで働いていた時に、言葉は刃にも薬にもなることを実感しました。その後いろいろな会社の人と話している際にも、実にさまざまなケースを耳にしました。言葉は人のやる気、つまりモチベーションを上げることもあれば、職場そのものに愛想をつかすきっかけになることもあります。なかでも組織の中で一定以上のポジションにいる人の言葉は、発する本人の想像以上に影響力を持つことがあります。

この後で具体的に論じる一例ですが、「迷惑をかけるな」という言葉が当たり前のことを言っているようで、実は思いもよらぬ影響をもたらしていることがあるかもしれません。何気ない言葉でも意外な結果をもたらす可能性があります。

特に、若手に対して発した言葉が、うまく伝わらなかったり、むしろ逆効果になったりすることはよくあります。いまは、さまざまなビジネスパーソンが発する言葉をインターネットなどで知ることができます。若い社員は、そうしたところで見聞きする言葉と、自分の上司が発する言葉を無意識のうちに比較しながら話を聞きます。

そうした現状に無頓着なまま借り物の言葉で話していても、納得は得られません。自分の言葉で何を話すかが問われているはずなのに、無頓着の人もまだたくさんいます。

そうした視点で見ると、職場で発せられる言葉はもう一度吟味されるべきだと思うようになりました。これが二つ目の視点です。

メディアの中で言葉が化ける

三つ目の視点は、メディアの中で行きかっている言葉がある時点から妙な存在感を持ち、時によっては手が付けられないようになっていくということです。たとえば、インターネットから自然発生的に出てきた言葉が、妙な流行り方をしているうちに思考を停止させてしまうようなケースです。

これは、まったくの新語とは限りません。既存の普通の言葉がある時期から特定の文脈で使われているうちに、いろいろなものにレッテルのようにペタペタ貼り付けられてしまうのです。

これも後ほど詳しくみていきますが「劣化」という言葉もその一つでしょう。言葉自体は以前から存在していますが、いつの間にか「少し前のもの」に対する貶《けな》し言葉になりました。

時代とともに通用しなくなるものはたくさんあります。ただしやたらと「劣化」と言っているうちに、自分自身の発想が硬直化していくことはないでしょうか？

言葉というのは、ある時から手が付けられないほど勝手に成長していって、やがて化け物のようになることがあります。そして、一聴して便利な言葉ほど、気をつける必要があります。

新しい言葉、あるいは新しい使われ方が、本質的に新しい考え方を表現しているとは限りません。流行語として軽く使われるような言葉ならともかく、ある種の価値判断を伴う言葉が、深く考えられないまま増殖していることもまた多いと思います。

メディアの中で化けていく言葉に対して、冷静になるべきではないか。

これが、三つ目の視点です。

言葉で悩むのはやめよう

本書では、さまざまな言葉についてその背景を分析しながら、そうした言葉との「付き合い方」について考えていきます。そして、基本的には言葉に縛られたり、悩んだりすることから解放されてスッキリしてほしいと思います。

ですから、「どう付き合うか」というよりも、「とりあえずスルーしてもいいんじゃないか」という切り口で論じていきます。いわば「聞いてはいけない」言葉について、その理由を明らかにしていこうというものです。

とはいえ、単に耳をふさいでも何も思考は進みません。気になる言葉が使われている状況についてあらためて考えることによって、よりよい言葉が発見されることもあるでしょう。

目次に並んでいる言葉を見ると、いろいろなことを感じられるでしょう。「これは良かれと思って使っていた言葉なのに」と思う人もいるでしょう。また「やはりこの言葉には引っかかっていた」という人もいるでしょうし、「なぜこの言葉が問題なのか」と気になる人もいると思います。

一つの言葉から受ける印象は、その人の経験や感覚によっても左右されます。さまざまな声があるとは思いますが、言葉には人を前向きにする力があるはずです。

だからこそ心のどこかに引っかかってしまう「困った言葉」からは解放されることが大切なはずです。

最後まで読んでいただき、ポジティブな気持ちになっていただければ嬉しく思います。

第1章　聞いてはいけない大人の説教

1 「評判悪いよ」という人に近寄ってはいけない

「狡猾」という表現がふさわしい人

学生が社会人になってしばらくすると、「あまり聞かなかった言い回し」を耳にするようになります。いわゆる「業界用語」などもそうですが、普通の日本語のようなのに、意味の幅が妙に広いこともあったりします。

たとえば仕事の段取りを打ち合わせたあとで、先輩がこんな風に言ったとします。

「まあ、その辺りはよろしくやってくださいな」

すべて知っている言葉のはずなんだけど、じゃあ実際どうすればいいの？　と戸惑うのではないでしょうか。この仕事は「あなたに任せますよ」と言っているのでしょうか。ところが人によっては、「まあ、適当にやっておいてもいい」というニュアンスだったりします。

とはいえ、「じゃあ実際どうするんですか？」と、聞くわけにもいかないでしょう。

社会人というのはこうした大人の言葉を少しずつ学んでいくのだと思います。

この辺りのちょっと謎の言葉は揶揄の対象になったりしますが、もうちょっとニュアンスが複雑で戸惑ってしまうものもあります。

私自身が若い頃に経験した中ではこんなことがあります。指示された仕事をまとめて持っていくと、時折「う〜ん、これは難しいテーマだったね」と言われる。その時には、文字通りに「これは難しいんだな」と思っていたのですが、実は違っていました。これは私のやった仕事の「できが良くない」ということを遠回しに言っていたのです。何回か同じようなことがあって、ようやく気づきました。

こういう時に、「これはダメだね」とストレートに言わずに、「テーマが難しいね」と言うことで、若い社員をことさらに傷つけないように配慮していたのでしょう。

このように、人はいろいろな表現で何かを伝えようとしています。そして、時には言葉によって人の気持ちをコントロールしようとする人もいるのです。まだ経験の少ない若い人ほど、先輩の言葉によって安心することもあれば、不安になることも多いでしょう。

そういう言葉の中で、一番タチが悪いなと思っている言葉があります。こんな感じの言い方です。

「おまえ、例の件だけど、評判悪いよ」

なんだか、言われたら「すごく嫌～な感じ」がしませんか？　自分が関わっている仕事をその人が批判しているということは、まあ理解できます。しかし、それにしても、どこか気持ちがザワザワしてしまうようです。では、その「嫌～な感じ」の正体は何なのでしょうか？

それは、「自分の言葉で批判していない」こと。これに尽きるのです。

「おまえ、例の件は、あまり感心しないなあ」

こう言われれば、もちろんドキッとするでしょうが、まだわかりやすい。ショックを受けるかもしれないけれど、「え？　どうしてですか？」と訊ねる気になるかもしれません。

それに対して「評判悪いよ」というような言葉遣いをする人は、本当に狡猾だと思います。意図的なのか、それとも無意識なのかはわからない。でも、いずれにしても気をつけた方がいいでしょう。

なぜなら、その人は相当に「世論操作に長《た》けた人」だからです。

見えない多数派を人は気にする

人と人とが普通に会話していて、自分の考えを述べる状況を想像してみてください。

その時に、人は本当に自分で考えた意見を述べているのでしょうか？

「あのお店のコーヒー、とてもおいしいよ」

「そうだね。僕はもう少し豆を浅く煎った方がいいと思うし、蒸らし方も足りないと思うけれど、価格と居心地を考えればいい店だよね」

こんな風に細かに意見を述べる人は、少数派だと思います。

「そうそう、いつ行っても混んでるよね」

「たしかに、評判聞きますよね」

というように、まずは軽い返し方をすることもあるでしょう。

また、会議で意見を求められたときのことを考えてみてください。こんな風に発言する人を見かけることはありませんか？

「はい、先ほど○○さんも言われていましたが、やはりA案がバランスが取れているように思います」

先ほどのコーヒーについてのケースを見てもらうとわかりますが、人は「自分の意見をきちんと述べる」とは限りません。

「混んでるよね」ということは、間接的に賛意を示しています。「評判聞きますよね」というのも同じです。

会議の発言だって、まず他の人の意見を引用することで、「これでいいですよね」という感覚を共有しています。

人に対して自分の意見を言うのではなくて、他者の意見を引用しているのです。

考えてみれば、身の回りのことすべてに自分の基準で意見を持ち続けることは、結構骨が折れるかもしれません。

何名かでランチに行った時に、最初の人が「オレはBランチ」と言ったとたんに、みんなが「私もそれで」「僕も同じで」と言い始める光景を目にすることがあります。

これを「同調圧力」という人もいますが、それほど大げさなモノとは考えなくてもいいでしょう。むしろ「いろいろなことをすべて自分で考えて決めるのは面倒くさい」という人が、世の中では多数派だと思えばいいのではないでしょうか?

人は自分で考えて決断することは困難で、周囲の状況を参考にする。

「評判悪いよ」と言う人は、そうした人間の心理をよくわかっているのでしょう。言われた方は「見えない影」に怯えます。きっと「評判が悪い」理由を懸命に考えることでしょう。

そして、その理由を訊ねればどうなるでしょうか？

そもそも自分が気に入らないことを「評判悪いよ」と言い換えているような人です。単に、自分の考えを「周囲の人の声」として言うことでしょう。

まさに狡猾だと思いませんか？

狡猾な人は創造できない

このような人は、さまざまなところにいます。会社だけではありません。「あなたのことを、こんな風に言ってたよ」と嘘を吹き込むような人に振り回される話は、あちらこちらで聞きます。

このような人は、そこそこにアタマが回るのでしょうが、何かが図抜けてできるようには思えません。会社でも、そこそこはやっているけれど、あまり出世はしないでしょう。

ストレートに自分の意見を言わずに、人のせいにしながら自分に都合のいいようにものごとを進めようとする。それはおそらく、自分が生き残っていくための本能的な知恵なのでしょう。

イメージとしては、寓話に出てくるずる賢いキツネでしょうか。決して勇猛なライオンではありません。

そして、仕事においても何か新しいことを創造するようなことはまずできないでしょう。常に自分と周囲の関係だけを考えているような人が、仕事そのものを大切にするとは思えないのです。

しかも困ったことに、自分よりも弱い立場の人に対して力を使おうとします。そのため、こうした人の言葉に悩むことになるのは、おおかた若い人だったりするのです。

まさにダークサイドの存在です。

こういう人と仕事で接することになったら、あらゆる方法でできる限り距離を取ることが第一です。素性が見えれば、過度に気にする必要もありません。ちゃんとした組織であれば、淘汰されていくような人なのです。

ただし、そんな人ばかりがいるような職場だったら、別の道を考えるべきだとは思いますが。組織全体がダークサイドに属しているのですから。

周りの声をプラスにできる人も

ちょっと視点は変わりますが、「周囲の人の声」をうまく使うことは、マーケティングの世界でもよくおこなわれています。

「売れてます！」のようなコピーは、よく見ることでしょう。こういう表現では、「この商品が優れている」ということは二の次です。それよりも「みんながどう思ってどう動いているか」ということをアピールしているわけです。

まさに「周囲の人の声」を活かしているのですが、メッセージは「評判いいよ」ということです。つまり、狡猾な人とは逆の発想になっているのです。

そして、組織の中でも、そうした表現を巧みに使う人がいます。

優れた仕事をした部下に対して、直接「これは良い」と評価することはもちろんですが、「○○が感心してたよ」といえば、さらに自信がつくはずです。「あの人も見てくれているのか」と思えば、若い社員の士気もあがるでしょう。

そして、こういう誉め上手の人は「評判悪いよ」という人とは好対照です。ダークサイドの対極にいるのですから、こうした人は自然に「いい言葉」を発しているのです。

そもそも部下を評価する時に自分自身の独善にならないように、周囲にヒヤリングしているからこそ、隠れた評判を聞きだしたのでしょう。いわゆる「ムードメーカー」と呼ばれたり、周囲に人が自然と集まってくる人はこうした視野の広さを持っています。

若い人への言葉には、その人の仕事ぶりやキャラクターが自然に表れます。まずは狡猾な言葉を発する人からは、距離を置いたほうがいいでしょう。

2 「絶対大丈夫か？」がすべてを止める

絶対は「絶対」ダメ？

どこに書いてあったのか忘れてしまったが、作家の阿川弘之が娘さんに言った台詞というのがある。「佐和子、世の中には絶対ということはないのだから、『絶対』なんてことばは絶対に使ってはいけないよ。」まことに、含蓄のあるエピソードである。

（野矢茂樹『語りえぬものを語る』講談社）

これは実に深いエピソードです。この話自体を突き詰めていくと、抽象度の高い哲学のテーマになっていくのですが、そこまで考えずに「絶対」という言葉を使う人は結構いると思います。

子どもの頃に「絶対だな？　命賭けるか？」という言い回しを言ったり聞いたりした経験はあるかもしれません。いまは知りませんが、二〇二一年にそういうタイトルの演劇が上演されていたので、誰にとっても何となく聞き覚えのある言い回しなのでしょう。

子どもがじゃれ合っているのはまだかわいいのですが、これを仕事の現場で言い出す人がいます。場面としては、何らかの新しい提案に対して、発せられる言葉でしょうか。

そして、こういうことを言うのはある程度の権限がある人です。課長かもしれないし、役員かもしれません。場合によっては、そういう社長もいそうです。

新しいことをおこなうには、ある程度のリスクが伴います。しかし、人が何かをしていく時に、絶対に大丈夫ということは、そもそも無理があるでしょう。「まさか」という言葉があります。いろいろな言語で似たような言い回しがあります。人々は、「絶対」と思っていたことに裏切られてきたからこそ、こうした言葉があるのだと思います。

それでも、「絶対大丈夫か?」と言ってしまう。なぜなんだろう? と考えてみると、結局「何も考えていない」か、そもそも「考えるのが嫌」なんじゃないかと思うのです。

何か「新しいこと」を始めなくてはいけない。いろいろな企業で、そういう意識は強まっています。起業をするなら当たり前のことですが、ある程度の実績がある企業ほど、既存の事業から抜け出しにくい。そのため、社内ベンチャーのような制度をつくるところもあります。

ドラマなどでもおなじみの光景ですが、新しいことを考えるのは若手で、判断するのは上司です。そして、その過程でいろいろな疑問点を洗い出します。

本当に儲かるのか? 調達は可能なのか? 必要な人材はどうするのか? そうしたことから始まり、近年であれば情報セキュリティの問題なども含めて突っつき出せば心配事だらけになります。

それを一つひとつ解きほぐして検討して、代案を考えることが判断する側の役目です。そこで「絶対大丈夫か？」というのは「何も考えていない」と同じだと思います。

「安心・安全」への妄信

いろいろなことに「絶対大丈夫か？」という感覚を持ってしまうのは、ビジネスの世界だけではありません。

よく聞くフレーズで気になるのは、乱発される「安心・安全」という言葉です。たしかに「安心・安全」よりも、「不安・危険」を好む人はいないでしょう。それ自体は文句をつけにくい言葉です。

しかし、一〇〇％の安心・安全、つまり絶対的な保証を求めることはそもそも不可能なはずです。

そうなると、「少しでも危ないことは避ける」という発想になります。念には念を入れて行動し、少しの冒険もしません。しかし、そういう発想が新しいことを拒絶したり、変化を阻んだりするのにつながることもたくさんあると思います。これは、ビジネスの世界だけではありません。

ＢＳＥ、いわゆる狂牛病の騒動で米国産牛肉のすべての部位が輸入されなくなったり、新型コロナウイルスから日常への復帰に時間がかかったりしたことなどがその典型でしょう。結果として、みんなが我慢をして多くの不便を強いられるのに、漠然とした「安心・安全」にすがったまま時間が経っていくようなことは多く見られます。

二〇二〇年にコロナウイルス感染が拡大してから、「５類感染症」への移行までにかかった時間、つまり平時への戻り方などは、他の先進諸国と比較しても相当遅かったと思います。

もしかしたら、絶対的な安心・安全を求めるのは日本人の特徴なのでしょうか？　いろいろなケースを見ているとそう感じるのですが、実際にそうした視点で調査された国際比較データがあるのでご紹介しましょう。

「不確実性」を嫌う日本人

ここでご紹介するのは『多文化世界――違いを学び未来への道を探る』（原書第三版・有斐閣）からのデータです。

この本はオランダの研究者を中心にして、世界の七六の国と地域を対象にして、その価値観を調査したものです。初版は一九九一年で、ご紹介するデータ自体も当時のものですが、これだけ広範に調査した貴重な資料として参照する価値はあると思います。

ここでは、価値観を測る尺度として「個人主義―集団主義」や「男性らしさ―女性らしさ」など、複数の指標が取り上げられています。そして、その中に「不確実性の回避（uncertainty avoidance）」という項目があります。

リスクが高いことは避ける、いわば「危ない橋は渡らない」という志向のことと言えるでしょう。

この指標において、日本はどのあたりにいるのでしょうか。もっとも不確実性回避の傾向が強い国・地域のスコアは一一二ですが、日本は九二で一一番目です。もっとも低い国、つまり不確実性があっても行動しようという国はシンガポールでスコアは八でした。

主要国で不確実性回避の低い国を見ると、中国（七〇番目）、イギリス（六八番目）、アメリカ（六四番目）あたりが目につきます。全般として、イギリスやその植民地であった国、いわゆるアングロサクソン系は不確実性に対して積極的な傾向がうかがえます。

ちなみに、この調査でもっとも不確実性を回避する傾向が強い国はギリシアです。このデータを初めて見た三〇年ほど前にはあまり気にしなかったのですが、のちになっていわゆる「ギリシア債務危機」の時にふと気になりました。

二〇〇九年に発覚したギリシアの財政状況の悪化はEUをはじめ、世界経済を不安に陥れました。

一般的な印象ですと、「家計が赤字」の人は手堅いというよりも、「イチかバチか」を好むように感じます。しかし、ギリシアの価値観は不確実性を回避するようです。

問題の背景を見ていくと、このことは決して矛盾していないように思います。そもそも、当時のギリシアは労働者人口の約四分の一が公務員であり、年金開始は五五歳からでその額も高く、きわめて手厚い社会制度でした。

これは国民にとってみれば、不確実性を回避できる素晴らしい制度のように見えます。しかし、実際にはその制度を支えるだけの経済力はなかったため破綻の危機に瀕しました。

「給与は下がっているけれど、生活水準は下げたくはない。でも新しい仕事に挑戦するのは怖いので、とりあえず借金をしておこう」

こんな発想の生活をしていれば、どこかで破綻することは当たり前です。しかし当時のギリシアはそのような状況だったといえるでしょう。

日本人が「安心・安全」を好み、不確実性を嫌うことはデータから見て取れます。そして財政状況などを考えあわせれば、楽観できないはずです。

そういう時に「絶対大丈夫か？」というような問いが発せられているというのは不安な気持ちになります。

何かをすればリスクは起きる

一方で、アングロサクソン系の国では全般的に不確実性を受け入れるような価値観が強いようです。ここで思い起こすのは「保険」という仕組みがイギリスで発達したことです。

そこには、「リスクを前提に考える」という志向があると思います。絶対に安全ということはあり得ない。だったらリスクの可能性を見積もったうえで備える仕組みを、と考えたのでしょう。一方で、日本ではなかなかリスクということ自体が理解されていないと思うのです。

risk は通常「危険」と訳されます。一方で、同じ「危険」に当たる言葉に danger があります。その違いは辞書に明確に書かれています。

人の身に起こる「危険なできごと」という意味でdangerはもっとも普通の語（中略）riskは人が何かをしたら、その行為に伴って起こる危険という意味合い（『プログレッシブ英和中辞典第四版』小学館）

dangerは避けるに越したことはありません。しかし、riskはちょっとニュアンスが違います。「何かをすれば、危ないことは起きる」ということでしょう。だからこそ、「リスクをとる」という表現もあります。

どこかこなれていない表現ですが、おそらくtake riskを日本語にしたのでしょう。つまり、ぴったり当てはまるニュアンスの日本語はないのだと思います。そして、起こり得るリスクに備えるために生まれたのが保険という仕組みです。

日本人が不確実性を好まない真の理由はわかりません。ただしいろいろな角度から見ていくと、「不確実性を避けてもどうにかなってきた」ことがそういう価値観をもたらしたのではないでしょうか。

これは、後に第3章で詳しく論じますが、「迷惑をかけない」ことを大切にしてきた文化とも相通じるものはあるように思えます。迷惑をかけないようにすれば不確実性は回避できます。しかし、そこから「リスクをとる」という発想は生まれません。

もし提案された内容に不安があるならば、「リスクは見積もったのか？」と問い、その詳細を確認していく。それが新たに事を起こす時の常識なのです。

「絶対大丈夫か？」という問いは、あらゆる可能性を止めていきます。この言葉こそ「それは絶対良くない」と思わず言いたくなってしまいます。

3　「寄り添う」の次はあるのか

政治家が「寄り添う」と言うとき

物理的な行動を意味している言葉が、いつの間にか心理的な働きをしめすように使われることがあります。

「手を握る」や「手を組む」というのは動作だけではなく、同盟することを意味しますし、「頭が上がらない」といえば引け目を感じている気持ちを指します。

そうした言葉で最近よく耳にするのが「寄り添う」です。もともとは、体を近くに寄せることですから、介助の時の動作などがイメージしやすいと思います。

それが最近になって、心理的な意味で使われるようになりました。最もよく聞き、しかも気になるのは政治家の発言です。

「被災者の気持ちに寄り添い、対策を進めていきたい」

このように、「寄り添う」という言葉は地震や台風で被災したり、大きな事故で被害に遭ったりした人に対しての態度表明の中で使われることが多いと思います。またそれだけではありません。相対的に恵まれない立場の人々に「寄り添う」と言うこともあれば、ワクチン接種者の不安に「寄り添う」というような使い方もされているようです。

これは統計的な実証があるわけではないのですが、二〇一一年の東日本大震災からよく耳にするようになったと感じています。たしかに、あの時は被災された人々に「寄り添いたい」という気持ちは、多くの人にあったことでしょう。

被災地から離れたところにいても、何かできることをしたい。そうした気持ちは尊いものだと思います。

しかし、あまりにも紋切り型に使われていて、しかも政治家のような権力を持つ人がひんぱんに発するようになると、なんだか怪しい感じがしてきました。

そもそも、寄り添うというのは相手との合意があって成り立つことです。いきなり知らない人が隣に体を寄せてきたら嫌ですよね。それが許されるのは猫ぐらいだと思います。

そして、政治家が「寄り添う」という言葉を使う時の発言を見ていくと、あることに気づきました。

具体的なプランがハッキリと提示されていないことが大変に多いのです。

「寄り添う」というのは、あくまでも姿勢です。「一所懸命にやります」と言うのと同じことですから、仕事をする上では当たり前です。

とりあえず、まずは言ってみる。それは「おまじない」の一種かもしれません。ではどうするか？　が続かなければなりません。

それなのに、まず「寄り添う」と言いたくなるのはなぜなのでしょうか。

「しっかり緊張感」を持って何をするのか

先にも書いたように被災者や被害者に「寄り添う」のであれば、具体的な施策が求められます。そして、施策の実行には予算的裏付けが必要になります。ですから、何かあった直後に「被災者に寄り添って百億円出します」とは、総理大臣でもうかつには言えません。そのくらいのことは、誰だってわかっているでしょう。

だから、まずは気持ちを表明する。それはある程度はやむを得ないことなのかもしれません。

しかし、政治の世界でいま使われている言葉は、あまりにもボンヤリしているのではないでしょうか。

よく耳にする「しっかりやる」というのもあまりに当然です。また「スピード感を持って」も、妙な言葉です。「スピーディーにやる」とか「迅速におこなう」とはなぜ言えないのか不思議です。「感」をつけることで、逃げているのでしょうか。そういえば「緊張感を持って」というのも耳にしますが、心構えを言われてもちょっと困るなあ、と思います。

もともと政治の世界では、「前向きに検討する」のようにあいまいな言葉が多いことはよく言われていました。しかし、「寄り添う」あたりからより心情的な表現が増えてきているように感じます。

耳あたりのいい言葉は、実は具体的な情報量は少ないことが多いのです。「寄り添う」もいつの間にかその典型になってしまったのでしょう。

ビジネスにも広がる

そして、最近になってこの「寄り添う」は、ビジネスの世界でも使われるようになりました。「ユーザーに寄り添う」や「お客様に寄り添って」という使われ方は、いろいろなところで散見されます。

人材教育の現場などでもよく使われているようです。

この場合も、「寄り添う」というのはあくまでも姿勢です。その後で実際に何をするかは、必ずしも述べられていません。「顧客本位」と言っていることと同じです。

言葉というのは通貨と似ていると思います。世の中に出てくる量がジャブジャブと増えれば価値は下がっていきます。「寄り添う」という言葉はインフレを起こしているような感じがするのです。

医療や介護、あるいはカウンセリングなどの仕事であれば「寄り添う」姿勢は大切だと思います。つまり、何らかの問題を抱えているような人を相手とする仕事であればしっくりきます。

しかし、コンピュータのシステム開発や小売業で使われていると、むしろ空虚な感じがしてしまいます。顧客としては「優れた製品やサービスを適切な価格で提供してほしい」というのが、最大の願いのはずです。

敢えて言うならば「顧客のニーズを詳細に把握して、課題を発見し、最適な案を提示する」ことが結果的に「寄り添う」ことだと思います。だったら、明快にそのように行動する方が働く人にとってもわかりやすいはずです。

こうなってくると、「寄り添う」という言葉はますますおまじないのようになってきます。耳あたりのいい言葉ですので、「何となくいいことを言ってる」感は醸し出されます。そんな効能はたしかにあるものの、なかなか具体性を帯びてきません。

そして、「寄り添う」が多用されている背景を考えると、また別の問題が見えてきます。

それは近年になって「共感する」ということが、仕事をする際にも大切な能力として語られるようになったことと深く関係しているのではないでしょうか。

共感の難しさと危うさ

「共感する」ということは、人とのコミュニケーションを円滑にするうえでよいことだと思われるでしょう。自分自身の思っていたことに「そうそう！」と言ってもらえれば、嬉しく感じるに違いありません。

自然に共感できるのであれば、その人とは仲が良くなるでしょう。また、仕事をするうえでも「あの人に共感できる」と感じれば、気持ちよく進めていくことができると思います。

また、先にも挙げた医療や介護の仕事では、「寄り添う」姿勢が大切ですし、そこでは「共感」ということはとても重視されており研究が進んでいます。体や心のつらさは、「他の人にはわかってもらえない」とついつい思いがちで、孤独感を抱いてしまいます。ですから、できるだけ当事者の心に接近することが大切なのでしょう。

その共感の大切さが、一般のビジネスでもよく言われるようになりました。相手の言っていることに耳を傾けて、その人の立場になってみる。人の意見に違和感があった時でも、否定するのではなくまずはしっかり聴いてみる。

もちろん、それは大切なことだと思います。しかし、だからといって「共感力を高めよう」と言われても困ってしまう人はいるのではないでしょうか。

ビジネスのコミュニケーションにおいて「共感してみる」ということは一つの技術としてはあると思います。たとえば言われたことをそのままオウム返しにしてみるだけで、相手はたしかに安心します。そして、いろいろなことを話しやすくなるのは良く知られた方法の一つです。

しかし、それはあくまでもテクニックです。共感は本質的には自然で内発的なものではないでしょうか。それぞれのパーソナリティによって、「なかなか人の気持ちに入りにくい」という人も当然います。

いっぽうで、ついつい人の気持ちに入り込み過ぎてしまう人もいます。ポジティブな気持ちを分かち合えるときはいいのですが、ネガティブな感情までも一緒に背負ってしまう危険があります。

こうした現象は「共感疲労」といわれます。身近な人どうしだけではなく、災害や戦争の報道を長い間見たことによって、ストレスを感じることもあるのです。

「共感」という人間の心の働きをめぐっては、目下さまざまな研究がなされているところで、実にいろいろな意見があります。ですから、共感が上手な人はその能力を活かせばいいですし、「なかなか共感することが苦手」だと思っても無理をする必要はありません。

困っている人に対して「寄り添う」姿勢は、たしかに尊いものです。「共感」の広がりから、助け合いが進むこともあります。

しかし、それが単なる号令や合言葉になって、そこで思考が止まってしまうことをおそれるのです。

本当に大切なのは、「では具体的にどうするか」という中身です。政治でもビジネスでも、そこを考えていくのがリーダーの役目ではないでしょうか。

4 「何とかしろ」の末路は怖い

修羅場をどう乗り切るか

仕事をしていると、予想もつかなかった事態に遭遇することがあります。その原因は、さまざまでしょう。単に運が悪かったということもあれば、自分のミスだったりすることもあります。

ここ最近インターネット上で話題になるのが、小売店や飲食店がのっぴきならない事態になり、ソーシャルメディアなどでSOSを発信するケースです。

「誤発注で賞味期限の短いお菓子を山ほど仕入れてしまいました！」

「台風の影響で団体さん三十人が直前キャンセルです！」

そうした叫びが通じてネットでのアピールが功を奏することもあれば、うまくいかないこともあるでしょう。いずれにしても、傍から見ているだけで胃が痛くなるようなケースです。現場はまさに修羅場のようになっていたと思います。

このようにたまたま人目につくようなケースだったら話題になりますが、実際にはあちらこちらの職場でこうした騒ぎは日々起きているはずです。

こうした時に、どのように対処するのか？　もっとも望ましいのは、まず冷静になって「何が起きているか」を正確に把握すること。そして、できることとできないことを分析して優先順位をつけて実行することです。

書けば簡単に見えますが、実際はなかなかそうもいきません。

先に挙げた小売店や飲食店であれば、直接消費者に呼びかけることができます。しかし、「部品を納品する予定が、先方の工場で火災が起きた」というようなことになったら、ネットで呼びかけてもどうしようもないでしょう。

そして、このような時にこそリーダーの資質が問われます。

緊急事態で器が見える

修羅場となるパターンは業種によってもさまざまですが、マーケティング関連でいえば、テレビＣＭが何らかの事態でオンエア中止になるケースがもっとも大変でしょう。

このような時の原因はさまざまです。表現内容が「不快だ」という視聴者からのクレームが理由になることもあれば、出演タレントの不祥事ということもあります。稀に競合他社からの申し入れや、官公庁からの指導ということもあり得ます。

いずれにしても、最大の課題はどのようにしてマーケティング活動を継続するか？ということです。当該ＣＭがオンエアできなければ、修正や差し替えはもちろん、まったく異なる販売促進手段を考えなくてはいけません。

こういう時にもっともよくないのは、やたらと犯人捜しをすることです。

「そもそもこの演出家を選んだのは誰だ？」とか、「タレントの起用は誰が決めた？」などと言い出してもキリがありません。本来リーダーとして事に当たるべき人がこういう状態だと、やがてこんな指示になります。

「とにかく、何とかしろ！」

そんな指示で済むなら、誰だってリーダーは務まります。ですから、こんなことはあまり起きないと思われるかもしれません。しかし、それを社長が命じて取り返しのつかないことになってしまったケースがあります。

それは、二〇一五年に発覚した東芝の不正会計事件で明らかになりました。

「工夫しろ」という指示

二〇一五年の五月、東芝は突然決算発表の延期と期末配当の見送りを発表しました。後に明らかになったのですが、この年の二月に証券取引等監視委員会から開示検査を受けて、四月には社内に特別調査委員会を設置していました。会計上の不正が常態化していることが指摘されたのです。

同年の七月には第三者委員会が調査報告書を提出して、当時の社長以下八名の取締役が辞任しました。その後もさまざまな問題点が明るみに出て、多くの事業を売却して現在も再建の途上にあります。

日本を代表する企業の事件だったので報道も多く、記憶している方も多いでしょう。その際にもっとも問題になったのは、業績が伸びない時に利益をかさ上げするようなことが当たり前になっていたという事実でした。

しかも、目標が達成できない時に上層部が強いプレッシャーをかけることが常態化した結果、不正な方法が当たり前になってしまったのです。第三者委員会の報告書にはこう書かれています。

（前略）ＰＣ事業を営むカンパニーの歴代のＣＰに対しては、社長月例の場等において、

Pから予算（仮に予算を達成できた場合であっても更に設定された目標値）を必ず達成することを強く求められ、「チャレンジ」の名目の下に強いプレッシャーがかけられてきた。（筆者注：PCはパソコン、CPはカンパニー社長、Pは社長を指す）

「チャレンジ」という言葉が独り歩きして、その達成のために手段を選ばないような状況になっていたことがわかります。さらに達成が難しいとわかると、社長がメールでこのように指示していたことが明らかになりました。

東芝が過去の決算で不適切な処理をしていた問題で、当時社長だった佐々木則夫副会長（六六）が、予定通りの利益を上げられない部署に、会議の場やメールで「工夫しろ」と指示していたことが、九日、関係者の話でわかった。（二〇一五年七月一〇日・朝日新聞朝刊）

「工夫しろ」というのは、まさに「何とかしろ」ということだったのでしょう。本来「工夫する」というのは良い意味で使われます。知恵を絞って、何かを創造するような時に使われます。この場合もたしかに知恵を絞ったのかもしれませんが、その結果はご存じのとおりです。

このような状況が報じられると多くの企業関係者は驚き、批判しました。しかし「他人事と思えない」という人もいたようです。つまり「何とかしろ」というようなリーダーと、それを「何とかしてしまおう」とする風土はいろいろな会社に根強くあるということなのです。

怒るだけのリーダーの怖さ

この事件で明るみに出たようなことはいまでも現実に起き続けていて、それは品質不正というかたちで発覚しています。本来の品質基準に達していないにもかかわらず、組織ぐるみで隠ぺいしたケースが後を絶ちません。

そうした事件が起きた企業は東芝と同様に第三者に調査を依頼しますが、それらの報告書を読むと興味深いことがわかります。自社製品の品質水準は低いがコストや納期の関連から抜本的な改善ができず、検査結果を改ざんするなどの不正をおこなうのです。

その背景には「何とかしろ」というプレッシャーがあったことがうかがえます。「上意下達の気風が強すぎる」と書かれ「パワーハラスメント体質」と明記されているものもあります。まさに「何とかしろ」というような風土であることが、容易に想像できるでしょう。

本当に大事なことは、状況が悪い時に次の一手を考えることです。経営者であれば弱い事業から撤退して新たな分野を強化する。あるいは、会社の収益構造を見直して体質改善を図るべきでしょう。

ミドルであれば、部下が頑張っても達成できない時に、その問題点をきちんと分析して上に提言することが本道です。部下とともに打開策を考えて、少しでも目標に近づけることに取り組みます。

しかし、こうした報告書の中には「『撤退戦』を苦手とする風土」という指摘もあります。また「『言ったもん負け』の文化」があると書かれているものもあります。つまり問題点を指摘したら「じゃあお前がやれ」と負担が増えるために、結局誰も言い出さないということです。

「何とかしろ」というような頭ごなしの命令しかできないリーダーのもとでは、上から下まで現状に目をつぶり、やり過ごすことだけを考えているような空気であることがよく伝わってきます。

なお、こうした問題を起こしてしまった企業は、歴史のある会社が多いことに気づきます。上下関係のはっきりした男社会で、まさに昭和の感覚がどこかに残っていたのでしょう。

こうして過去の報道や報告書を読み返すと、いったいリーダーの役割とは何なのだろう？　と考えずにはいられません。「もっと利益を上げろ」というような指示は誰にでもできます。

むかし野球を知らない有名タレントが「監督のサインには『ホームランを打て』というのがあるのかと思ってた」と言っていたことを思い出します。もちろん、その話を聞けばみんな笑います。それならば、誰だって監督が務まるからです。

しかし、日本を代表する企業でそのような指示が日常化していたことも事実です。そして、このようなことしか言わないリーダーはまだあちらこちらにいそうです。

もし仕事において大きなトラブルがあって修羅場になった時は、リーダーの資質を見極めるチャンスでしょう。「何とかしろ」だけの人はもちろん論外ですが、「何とかしよう」と冷静に分析して打つ手を考える人にはついていっていいかもしれません。そんなリーダーもまた着実に増えていると思います。

5 「机上の空論」は宝の山

とりあえず「言ってみたくなる」言葉

「社風」という言葉があります。会社という組織の風土を指すのですが、漠然としているところもあり、なかなか言葉だけでは伝わりにくいかもしれません。

しかし、いろいろな会社の人と仕事をしているとたしかに社風を感じることはあります。そして、それがもっとも感じられるのはミーティングの席だと思います。

いろんな会社のミーティングに参加してきましたが、議事の進め方や、結論の出し方などは千差万別です。

そして、もっとも風土が滲み出てくるのは、そこで聞かれるいろいろな言葉です。どこの会社でも「組織の口癖」みたいなものがあって、それが社風を象徴していることが多いのです。

欧米資本の企業は、いろいろなことを理詰めで考えていくことが多いのですが、その過程でカタカナ語が多用されます。

何か意見をいうと「エビデンスは？」といわれる。これは、「根拠を示せ」ということです。そして、実行プランを述べれば「リソースはどうだ？」ということになる。「資源」というとどうも地下に埋蔵されているイメージですし、人やカネをひっくるめていうなら、たしかに収まりはいいのかもしれません。

こうしたカタカナ語は、日本企業にも広がってきて、笑いのネタにもなるくらいです。しかし、エビデンスもリソースも結論を出すうえではとても重要なことです。やはり、社風の根源に関わることなのでしょう。

いっぽうで、結構面倒だなと思うのが、諺《ことわざ》や熟語、慣用句などでバッサリと切り捨てるような人たちです。想像はつくと思いますが、これは圧倒的に中高年の管理職から、しかも伝統的な日本企業で多く聞かれます。

新しい提案をすれば「時期尚早」と言います。しかし、いつが適時なのかをわかっているわけではありませんし、自身の見解を提示するわけでもありません。

限られた予算をやりくりしようと知恵を絞っても「背に腹は代えられない」と言います。しかし、そもそも何が背で何が腹だかわかりません。単に上の立場から威圧する時に使うような言葉です。

カタカナ語を揶揄する前に、こうした慣用句を禁止したほうがいいんじゃないかとも思いますが、もっともタチが悪いなと思う言葉がひとつあります。

それは、「机上の空論」という言葉です。

それなりの地位にある人がこの言葉を発したために、チャンスを逃した日本企業は結構多いのではないかと思います。

論がなくても

いろいろと考えたプランの説明を受けたけれど、ちょっと実現性に欠けるかもしれない。そんな時には、少々厳しいことを言いたくなるでしょう。しかし、さまざまなケースを見てきて感じたのですが、二言目には「机上の空論」という言葉を発する人がいます。そして、彼らにはこんな傾向があると思います。

・そもそも、提案されていることが自分の理解力を超えているためによくわかっていない。だから空論に見えてしまう。

・理解は何となくしているけれど、それは現状から大きく変革することであって、いまさら面倒くさい。だから空論と言っておきたい。

つまり、「いままでのこと」の延長線上では考えられず、とはいえ「これからのこと」を新たに考えられない人が言いたくなる言葉だと思うのです。しかし、いままでの延長線上では解決できないことは山ほどあります。

だからこそ、近年では「仮説思考」が大切と言われ続けています。既存の方法や思考にとらわれず、ゼロから考えてみようという発想です。そうなると、仮説によっては突拍子もないようなものだって出てきます。

ところが、「仮説思考が大切」といいながら、いざ考えを述べると「それは机上の空論じゃないか」という話がまたもや出てきてしまうのです。

いったい、これはどうして起きるのでしょう。実はこのことは、組織の問題を考える上で大切だと思います。

もう少し掘り下げてみましょう。

大きな発見はまず机上の発想から

この「机上の空論」という言葉を辞書で調べると、そもそも「役に立たない」という意味合いが含まれていることがわかります。「空論」という言葉に、そういう意味があるのですね。

ただし、実際に使われている時に「なぜ空論なのか」とはならずに、決めつけるように言われることが多いのです。これは先に書いたように、発言する人が一定以上のポジションにいるからでしょう。新入社員が発する言葉ではありません。

しかし、考えてみてください。何か大きな発見や発明というのは「机上の発想」、つまり「アタマの中の仮説」から生まれているのではないでしょうか。

コロンブスは「欧州から西に向かえばインドに行ける」という仮説から、大西洋を横断して新大陸を「発見」しました。

ニュートンは「リンゴの実が落ちるのを見たことで万有引力の理論を考えた」といわ

れます。このエピソードの真偽については議論があるようですが、重力という眼に見えないものを発見したのですから、もともとは机上の仮説です。

挙げていくとキリがないのですが、このような机上の発想こそが人間の特性ともいえるでしょう。その中には空論も山ほどあると思いますが、まず考えてみないことには前に進みません。

何かを見たり聞いたりすることで情報を得る。それ自体は、多くの人が日々おこなっています。しかし、「なぜそうなるか？」ということまで考える人は一部です。

そして、そういう営みから新しいことが生まれます。過去の発見や発明だけではなく、現代の起業などの話を聞いていても似たような話が多いと感じます。

つまり、経験が長い人の意見に左右されるのではなく本当にゼロから仮説を考えて、空論を恐れないで挑戦する組織も着実に増えていると思います。

いろいろと新しい試みを成功させている、とある会社の人と話をしていたら、面白いことを聞きました。

その組織では、一見唐突だけど「できたら面白いな」と感じるようなアイデアが出てきたときに、このように考えるそうです。

「とにかく最初は突飛でいいからいろいろと考える」

「これを〝机上の空論〟で終わらせないためには？　と問い直す」

「若い人は言いっぱなしだけど、実現させるのは上の仕事」

そう考えていけば「机上の空論」は宝の山のはずです。それが埋もれていく理由は、やはり変化を拒むミドル層にあるようです。

そして、さらに厄介な人としてどの組織にもいる「名ばかりのスペシャリスト」の存在も挙げられるでしょう。それは、どういう人なのでしょうか？

できない理由を挙げるのは簡単

以前、ある人から「スペシャリストとプロフェッショナルの違い」というテーマの話を聞きました。

スペシャリストは特定の分野に精通していて、その業務についてはトップクラスの能力を持つ人。

プロフェッショナルは、なんらかの目的達成のためにあらゆる可能性を考えて、最適な方法を導き出し、成功に導くことができる人で、分野を超えて結果を出せる人もいます。

この二つの最大の違いは、何か新しいことをおこなおうとする時にハッキリするといいます。

プロフェッショナルは「何とかする方法」を考えるのに対して、スペシャリストは「できない理由」をズラリと並べるというのです。

この説明は、「プロフェッショナルとは何か？」ということをわかりやすく説くために使われた話です。決してスペシャリストとプロフェッショナルを、キッチリと定義したわけではありません。

しかし、それでも印象的なのは「できない理由を並べる」というところでしょうか。こういう人は、敢えて言えば「名ばかりのスペシャリスト」だと思います。

ルールに精通した官僚をイメージするとよくわかります。そんなスペシャリストであれば、新しい提案は「机上の空論」にしかみえないはずです。場合によっては、「絶対大丈夫か？」と言い出しかねません。

現状のままでは「空論」かもしれないけれど、いろいろと工夫すれば進むかもしれない。先ほど書いたように、それを実行している組織もあります。それなのに、新しいことに対しては脊髄反射のように「できない理由」しか思いつけない。

こういう人は、年齢を問わず組織のあちらこちらにいるものです。いろいろなルールや技術に精通しているだけに、彼らが動かないと前に進みません。

自分の属する組織の将来が気になったら、「机上の空論」への許容度を観察してみてはどうでしょうか。そして頑ななミドル層や、「名ばかりのスペシャリスト」が目立つようでしたら、身の振り方の考え時かもしれません。

6 「夢を持て」の先にあるもの

やりたいことか、できることか

キャリアのことを考えるときに必ずと言っていいほど、議論になることがあります。大雑把に言うと、二つの考え方があるでしょう。

「仕事というのは、自分のやりたいことに取り組むべきだ」

この考え方が、一つ目。で、もう一つが、

「仕事というのは、自分が能力を発揮できることに取り組むべきだ」

という考え方です。

初めの考え方は欲求重視で、「その方が幸せだ」と言います。もう一つの考え方は必要性重視で、「その方が現実的だ」と言います。私はどちらかといえば、後者の考え方に近いといえます。

もちろん「好きなことで能力を発揮できる」という仕事ができればベストでしょう。ところが、そうそううまくいくとは限らないから、悩むわけです。

こうした悩みにもっとも直面しやすいのは、スポーツやアート、文筆などの仕事を志す人です。普通に考えても相当な「狭き門」です。そうした道を志す人は、難しいことを承知の上で臨むことでしょう。

仮に仕事を得たとしても、思い通りのことができるとは限りません。たとえば絵を描くにしても、それを生業とするためには誰かがおカネを出してくれなければなりません。

そうなると、いきなり描きたい作品を描くのではなく、まずは注文に応えて描くことになるでしょう。実際にそういう仕事で生計を立てているアーティストもたくさんいます。

つまり職業として成立するには「お客さんが喜ぶ」ことが欠かせないことに気づきます。この場合、「やりたいこと」をしているようでいて、「本当にやりたいこと」をしているわけではないともいえます。

なんだか、ちょっと暗い気分になるかもしれません。しかし、「やりたいこと」を仕事にして、成果を挙げる」というのは相当に難しいことですし、お客さんを喜ばせることを優先するのは当然だとも思います。

天才もお客を意識していた

そうしたことは天才といわれたアーティストも経験していました。

モーツァルトは幼き頃から作曲を始めて、三五歳で亡くなるまでに実に数多くの曲を作りました。その中で、通称「パリ」と呼ばれている交響曲第三一番の背景が興味深いのです。

モーツァルトはオーストリアで生まれ育ったのですが、この曲はパリの演奏団体からの依頼で作られて、パリで初演されました。そして、モーツァルトは「パリの聴衆にうける」ように書きました。

この辺りの経緯は、演奏会が終わった後に彼が書いた手紙にも残されています。

「これがうけるに違いないことをぼくはよく承知していました。――果して聴衆はここで夢中になって、大変な喝采でした――でもぼくは書いてる時からどんな効果が生れるかよく知っていたので、最後にもう一度出しておきました」（吉田秀和編訳『モーツァルトの手紙』講談社学術文庫）

二二歳でこのしたたかさには改めて驚きますが、この話には興味深いことが二つあります。

一つは、名声が確立されていたモーツァルトでも「聴衆にうける」曲を意識して書いていたということ。

もう一つは、この曲が「最高傑作のひとつ」とはあまりいわれないことです。

彼は、交響曲だけでも四一曲書きました。その中で、どれがいいと思うかは人それぞれです。三一番も素晴らしいと思いますが、多くの人が絶賛するのはより晩年に近い頃の曲ですし私もそう感じます。

ところが、その晩年の名曲は誰がどうして依頼したのかもよくわかっていません。さまざまな事情からモーツァルトは経済的にひっ迫していたとも言われるし、作曲の経緯についてはわからないことも多いのです。

もしかしたら、「どうやったらうけるか」ということから離れて「書きたいものを書いた」のかもしれません。「自分が本当に残したい音楽を書いた」といわれると、そんな感じもします。

いずれにしても「やりたいこと」をするだけでは、仕事としてそうそう成り立たない。まずはこの現実からスタートするべきだと思います。

煽りからは距離を置く

二〇〇〇年代に入った頃の数年間、私は大学で「キャリア・ディベロップメント」の講義を担当していました。それまでその大学にはない、初めて開講した科目だったので、手探りで始めました。一方的に言ってもピンと来ないだろうと思ったので、学生の声も聞き、さまざまな切り口で話しました。

その頃、世間には、大学生に対して、いろいろと「煽る」人が多かったように感じます。彼らはまず「夢を持て」と言います。先にも書いた「やりたいことをやるべきだ」という発想です。インターネットが急速に発達し、新興ビジネスもどんどん出現してきて、少し世の中がふわふわしていたのでしょう。

いっぽう、私は、「仕事はできることから始めて、誰かのために役立つ」ことで成り立つ、という考えを根底においていました。普通の会社員であれ、世界的なプロのアスリートであれ、構造は同じです。ただ、後者であれば「できること」の水準が他の同業者と比べて格段に高く、その結果の「役立ち方」のスケールが格段に大きいということです。

トップアスリートは、興行を成立させて、多くの観客や視聴者に感動を与えて、スポンサーのビジネスを拡大させます。関わる多くの人にプラスの影響を与えるのです。どんな仕事でも、その構造は同じである。このことがわかれば、「まず、できることから」という思考を学生たちはスムーズに理解してくれました。ただし、実際にすぐ納得するわけではありません。

体育会の学生の中には、プロを志す者もいました。また、企業就職を考えている学生の中にも、少人数採用のクリエイターを志望している者が、今でもたくさんいます。

そうした学生には、狭い道に挑戦しつつも、別の可能性についても並行して模索するように言いました。

そして、先のモーツァルトのことも講義で話しましたが、後で話を聞くときちんと理解して自分なりにさらに考えていたようです。

まず極論から身を守る

このように考えてみると「夢を持て」と言うのもどこか妙な感じがします。「夢が持てる社会を」となると、さらに胡散臭い感じもします。

夢というのは「こうなればいいなあ」と自分の中からジンワリと湧いてくるもので、人から煽られるものではありません。「なにか夢を持たねば」と追われて見るのは、むしろ悪夢ではないでしょうか。

私は四〇歳の時に会社を辞めましたが、その頃は若い人に「夢は何ですか?」とよく聞かれ困ったものです。何か言わなければならないので「自宅でパンダを飼うこと」と言っていました。要はあまりそういうことを考えていなかったということです。

しかし、いろいろなことに取り組んでいるうちに、望んでいた仕事に近づいてきたと思います。

まずは、できることから始めていくうちに、それが天職のようになる人もいます。一方で、希望した仕事について成果を挙げているにもかかわらず「何かが違う」と感じて、悩んでしまう人もいます。

この節の冒頭で「大雑把に言うと、二つの考え方がある」と言ったのはそういうことです。世の中には、極端な意見が二つ存在しているけれども、そのどちらかが正解とは限りません。

しかも、キャリアというのはその人の置かれた環境が変化する中で、捉え方も変わります。結婚したり、子どもができたり、あるいは親の状況が変わったりする中で、仕事への価値観が変わることも多いでしょう。

親や先輩、上司は「夢を持て」と言いっぱなしにするのではなく、夢への近づき方をきちんと話してあげる。そのためには、成功した話を聞かせるよりも、迷ったり悩んだりするプロセスを教えてあげるべきだと思います。

モーツァルトの話がおもしろいのは、キャリア形成を考える上での典型的なケースであり、それが天才といわれた人にもあてはまることです。こうした事例はたくさんあります。キャリア論の観点から過去の有名人の生涯をみると、意外な悩みに共感できるかもしれません。

第2章　新しそうだけど正しいのか

1 「老害」はブーメランとなって返ってくる

「居座り」と「根性なし」と

もうずいぶん前の話ですが、テレビで売り出し中の若手芸人がこんなことを言っていました。

「いつまでも先輩がいろんなところでお元気だから、なかなか出番がまわってこないんですよ〜」

たしかにテレビ番組の中には、番組タイトルに有名タレントの名前を冠しているものもあります。その番組の顔なのですから、交代も難しいのかもしれません。それは、若手にとっては「いつまでも居座って」という感覚になるのもわかります。

その話を知人にしたら、ベテランのタレントが、それとまったく逆のことを言っている記事を読んだといいます。

「いまの若手は、俺のポジションを奪いに来ようという根性がない。おかげで今でも忙しくさせてもらってる」

若手から見れば「ベテランの居座り」でも、ベテランから見れば「若手の根性なし」となる。お互いに言い分はあるのでしょうが、これは芸能界に限らず、いろいろなところで見られることだと思います。

たしかに、マンネリ化しているようなテレビ番組で、しかも発言のセンスがどうもズレてきているような人もいます。一方で、それでも続いているのは内容や視聴率などの観点から「続ける方がいい」と局側が判断しているからでしょう。

実際に、高額なギャランティーに見合わない成果であれば、大物タレントの番組が打ち切りとなることも珍しくありません。

それでも、若い人が「上が詰まっている」と感じることはどの世界でもあるでしょう。そうした中で、「老害」という言葉が当たり前のように使われるようになっています。

相当年齢の高い人たちが組織の実権を握り続けた結果、時代の波に乗り遅れてしまうようなケースは実際にあると思います。さらに、そうした人たちによって不正な運営がおこなわれて告発されるようなケースさえあります。

権力の座に居座り続けると、問題が起きてくる。これは、大昔から知られていたことでしょう。ですから、政治指導者に任期を設けるような規定を持つ国も多くあります。独裁が続く国がどのような運命をたどるかは歴史が教えてくれています。

つまり現象として「老害」といわれても仕方のないような事実はあるでしょう。

しかし、最近の「老害」という言葉の使われ方を見ていると、ちょっと引っかかることが多いのです。高齢者の気になる行動をとにかく「老害」と決めつける人は、どうも思考を停止させているように思えるのです。

そのことについて、少し考えてみましょう。

できる人は他人のせいにしない

そもそも「老害」という言葉は、ネット上で広まったといわれています。しかし、かなり昔の小説にこんなセリフがあります。

「老害よ、即刻に去れ、であります」

これは松本清張の『迷走地図』（新潮社）という小説で、政治家が演説するシーンの一節です。出版されたのが一九八三年で、当時も居座りへの批判や、世代交代を求める声は強かったことがうかがえます。

とはいえ特定の年代の人を批判する表現ですから、同じような感覚を持つ人たちの間の方が使いやすいでしょう。何か事が起きた時に「老害だよな」と言って、自然に共感される仲間うちの方が使いやすいはずです。

その一方で、若い人でも、そうしたことを言わない人がたくさんいることもたしかです。「老害」という言葉を発しない、「上の世代のせいにする」という発想がない人たちは確実にいます。

では、「上の世代のせいにしない人」にはどんな共通点があるのでしょうか。いろいろな社会人や学生と接してきてわかったのですが、彼らはみんな自分の仕事の質をより高めることに集中しています。勉強熱心ですから、常に「自分はまだ何か足りない」という意識が強いのです。

そういう人は、うまくいかないことを他人のせいにしません。そんなことを考えているくらいなら、自分で道を拓こうとします。

そして、向上心の強い人は自然と同じところに集まってくる。これもまた当然のことでしょう。

他方で、指導者が硬直的な組織にいると、いくら頑張っても「上が通してくれない」

ようなことはあります。以前であればそのまま燻《くすぶ》ってしまうケースも多かったのでしょうが、いまは転職の選択肢も豊富になっています。

転職を選んだ人は、やはり向上心の強い人たちと合流していきます。多少リスクがあっても、硬直した組織にはいません。

その結果として、「いつまでも他人のせいにしてしまう人」もまた同じところに集まります。組織においてもそうですし、ネット上でも同じです。

そして、うまくいかないことを他人のせいにして、年上の人がネックだと感じれば「老害」と言えばそれで済みます。考えてみれば、これはこれでそれなりに居心地がいいのでしょう。

怒るくらいなら新たな道を

しかし、そうやって人を悪く言っているうちに、実は大きな機会を失っているように思います。なにか高齢者が事件を起こしたりするたびに、ネットニュースのコメント欄にある「老害！」という罵りを見て溜飲を下げても、何も変わりません。

上司の無理解を嘆きながら愚痴を言い合っても、やはり変わりません。そうやって、気づかぬうちに自分が狭いところに追い込まれていく。そして、キャリアの選択肢もなくなってしまう。「老害」と他人のせいにしているうちに、それはブーメランのように自分に返ってくるのではないでしょうか。

そもそも自分と異なる集団をいくら罵っても、たいした収穫はないと思います。上の人間が「いまの若手は」といくら嘆いても、変化は起きない。同様に、「老害」と嘆く人も、立場が逆なだけで単に停滞しているだけのように感じます。

ただし、自分が若いのであればいろいろな選択肢があります。先に若手芸人の嘆きを書きましたが、あれはまだインターネットが発展途上であり、テレビ番組の出番がすべての時代でした。

その後インターネットで自分の動画を公開することが可能になりました。そこでいち早く先駆けとなった人々は、いまや「小学生のなりたい職業」で上位に挙げられるほどメジャーになっています。

怒りやいら立ちを自分のエネルギーに変えていく人はいます。一方でその場で不満をため込むだけの人も多いと思います。そして、毒の強い言葉は、人を必要以上にいら立たせます。「老害」というのは、毒の強い言葉の典型だと思うのです。

理不尽さをことさらに突き付けられれば、だんだんと意欲は低下していきます。だったら、二言目には「老害」というような集団やメディアからは距離を置いたほうがいいのではないでしょうか。

最大の問題は非公式な権力構造

いまの社会では、たしかに「老害」といわれても仕方のないような現象もある。しかし、その言葉を発していると、段々と自分に毒が回ってくるのではないか。それよりは、他人のせいにしないで道を拓くことを考えた方がいい。

これは、理想論かもしれません。そこで、私が考える「本当に困った老害」についてあらためて書いておこうと思います。

それは、「非公式な権力構造」がいつまでも温存されている状況だと思うのです。

上にいる人が相当の高齢だとしても、認められた手続きで選ばれたならば、それを害とはいわないでしょう。米国の大統領も史上最高齢ですが、それを承知の上で「勝てる候補」として選ばれ、実際に勝利したわけです。

いっぽうで、公の権力がないにもかかわらず、組織の意思決定に関与しようという人がいます。

日本の企業ですと、元の経営者で取締役すら引退した人が、実質的な権力者として居座ることがあります。また、役員経験者のOBがいつまでも経営に口を出し、時には徒党を組んで意見を突き付け、経営者がその対応に四苦八苦するようなケースも未だに多いのです。

政治の世界でも似たようなケースはありますが、まだ報道などでいろいろなことが見えていきます。しかし企業に関してはよほどのお家騒動にでもならなければ、あまり報道されることもありません。

この非公式な権力構造は、日本企業が停滞してきた大きな原因の一つだと思います。これこそ「老害」として糾弾されるべきことでしょう。

2 「劣化」という人ほど劣化していないか

リメイクを「劣化」と言いたくなる時

ちょっと前のことですが、とある有名なファストフードのチェーンが過去のヒット曲を使ったCMをオンエアしました。元の曲は女性のデュオによるものでしたが、CMにも若手女性を二名起用した演出です。

同時に展開されたキャンペーンがこの曲のタイトルをもじっていたこともあり結構話題になりました。

CMなどが話題になっているかどうかは、インターネット上の反応によっても測られます。そして、話題になるものほど一定の割合で「アンチ」が生まれてくることもあります。

このCMについても、オンエア後には否定的な意見が一定数見られたようです。「○○に対して賛否」のような見出しもネットニュースではよくあることですが、それだけ関心を持った人が多かったのでしょう。

実際に調べてみると「劣化版だ」「元の曲に対してリスペクトがない」といった声はたしかに目につきます。過去にヒットした曲や映像が、アレンジされてCMになる以上、これは避けられないことでしょう。

その時にふと思いました。そもそも、この曲って何年前に発売されたんだっけ？　と。改めて調べると、このCMが流れた時は元の楽曲の発売から二七年近く経っていました。

CMに限らずテレビの内容をネットでいろいろ言うのは、比較的若い人が発言しているようなイメージですが、決してそうではありません。当時二〇歳の人が四七歳、中学生の人でも概ね四〇は越えています。

なんでも「劣化」と言ってしまうのはある種のネットスラングだと言われています。タレントの容姿の変化などを取り上げてそういう物言いをする人も目立ちます。そして、ある時期からやたらと目につくようになってきました。

ところが実態は少々違うのではないかと思います。

なんでも「劣化」と言われ始めて

気になって、日本で発行されている出版物のうち「劣化」という言葉をタイトルにしている本がどれくらいあるのかを国立国会図書館のデータベースで調べてみました。

年代順に見ていくとすぐに気づくのですが、ある時期まで「劣化」というタイトルの本は科学技術系のものばかりです。高分子やコンクリート構造物などが「劣化」することの分析や対策などが書かれたものしかありません。

人や社会が「劣化した」という観点でこの言葉を使ったタイトルの本が初めて出てくるのは、二〇〇三年の『劣化列島日本』（藤井厳喜・廣済堂出版）です。その後二〇〇七年に『なぜ日本人は劣化したか』（香山リカ・講談社現代新書）という本が出版され、翌年には『大人論――劣化する日本人への警告』（信田和宏・シーアンドアール研究所）という本が出ています。

そして二〇一〇年代になると、こうしたタイトルの本は山ほど見られるようになります。日本や日本人、政治などに加えて学問や食べものや内臓までもが劣化しているようです。

社会的な視点で「劣化している」と表現することは、この一五年くらいの間に増加したことがわかります。ですから、表現としては比較的新しく見えるのでしょう。

しかし、そこで言われていることは、結局「昔はよかった」という物言いと同じではないでしょうか。

「いまの若い者は」「それに比べて昔は」という表現自体は、さすがに手垢がついていて、いかにも年寄りの繰り言のようにしか聞こえません。とはいえ、そういう気持ちになってしまうのは中高年になれば避けられないのでしょう。

ですから、四半世紀以上前のヒット曲がCMに使われているのを見て、ついつい「劣化」と言ってしまいたくなるのです。語彙的にはやや新しい感じがしても、「昔はよかった」の言い換えだと思います。

「終わった」「オワコン」の錯覚

似たような言葉ですが、少し古くなったものを指して「終わってる」とか「オワコン」という人がいます。オワコンは「終わったコンテンツ」の略です。これも、ネットから出てきた言葉ですので何となく新しい気がします。

そして、「もうそういう時代じゃないんだから」という気持ちがあって、「そんなのはもう古い！」ということを言いたいわけですから、上の世代を揶揄している若い世代の言葉のように見られていました。

オワコンの「コン」がコンテンツを指していることからわかるように、この言葉は映像コンテンツ、ことにアニメなどを批評する中で生まれてきたといわれています。

新陳代謝の激しい世界ですから、流行りすたりは当たり前です。「あれはよかった」と言い続ける人に対して「終わってる」「オワコンだろ」と言う人もたしかにいるでしょう。

しかし、ここにも錯覚があると思います。古いものを揶揄するということは、言っている本人もそれだけ歳を重ねているということです。二〇代の頃に古い作品を「オワコン」と言うのはともかく、それをずっと続けていれば結局のところ年寄りの繰り言になります。

そういった目で見てみると、最近では「日本は終わった」のような言い方も、「昔はよかった」と同じ文脈で言われていることがわかります。当初は新しいものを探していく中で使っていたのに、気がついたら過去を懐かしむ言葉になってしまったのでしょう。

そして、ビジネスの世界にこうした発想を持ち込むと、チャンスを見逃すことになると思います。

終わらせるかどうかは人次第

「オワコン」という言葉がどのくらい一般化しているかを調べるために、日本経済新聞で記事検索をしてみました。

二〇二三年二月六日の時点でヒットする記事は四〇件あります。

それを見ると、クレジットカードやスーパーマーケットに始まり、日本株やオリンピック、さらにはハロウィンの仮装まで「オワコン」と言われています。言っているのは記者とは限らず、いろいろな人の発言も含まれていますが、さまざまなところで使われていることがわかります。

しかし、ここでヒットした記事をよく見ていくと、ちょっと異なった風景も見られます。

一時は「オワコン」と思われながらも、息を吹き返したケースがいろいろと見られるのです。

ウィスキーは消費量が落ち続けていましたが、かつて流行った「ハイボール」という飲み方を販売促進でとりあげたことがきっかけで再度上向きになりました。また高級品への人気も上がり、国産ウィスキーの一部では品薄の状況が続いています。

さらに、ミシンやボードゲーム、パソコン教室などにも根強く需要があることが取り上げられています。

コロナ禍の環境変化でも、ゴルフや釣りなど「ちょっと古くなった」と思われたような趣味が若い人の間で人気になりました。また自動車の販売台数が減少する一方で、レンタカーやカーシェアリングを利用して遊びに行く人も目立つようになりました。

「終わった」「オワコン」と言うのは簡単ですが、苦境から復活した製品やサービス、ブランドは他にもたくさんあります。仕事に真剣に取り組んでいる人なら、そんなことは決して言わないでしょう。

世間話ならまだしも、仕事の話をしている時に安易に「あれは終わってる」という人には気をつけた方がいいかもしれません。

後ろ向きな人に引きずられない

時が経てば、人は歳をとります。経験は増えていきますが、それは比較する対象が増えるということです。

それ自体はプラスに働くこともたくさんあります。新しいことに直面しても、過去の経験からもっとも類似したケースをアタマの中で検索することは誰でもできます。そして、優秀な人であればスピーディーに最適解を見つけて対応します。

一方で比較対象が増えるほど、「やっぱり昔の方がよかった」と思ってしまう人もいます。そして「劣化した」と感じて、「終わった」と言ってしまう。原因はわかりませんけれど、こういう人が何かを生み出していくようには感じません。

むしろ、若い人たちの足を引っ張ることの方が多いでしょう。

伝統芸能や古典芸術の世界では、こういう頑迷な人に悩まされた人たちはたくさんいます。欧米で有力な評論家が新進の作曲家や演奏家、あるいは画家などを認めなかったエピソードはたくさんあります。

日本でも歌舞伎や落語の世界で同じようなことがありました。中でも有名な言葉は「團菊爺《だんぎくじじい》」でしょうか。これは、歌舞伎界の九代目市川團十郎と五代目尾上菊五郎のことをいつまでも崇めて、「それに比べて」と嘆くファンのことを指した言葉です。

團菊が活躍したのは明治時代ですから相当前からこういう人はいたのです。いわばご意見番ですから、演者にとっては煙ったいでしょうが邪険にするわけにはいかないところもあります。

その一方で、着実にこうした空気が変化してきたなと感じることもあります。

二〇二三年春におこなわれた、野球のワールド・ベースボール・クラシック（WBC）では、大谷翔平をはじめ若い世代の選手が大活躍して日本代表が優勝しました。

思い起こしてみると、少し以前であればどんなに若手選手が活躍しても、「あの頃の選手の方が……」とひとこと言う人がいました。ところが今回はそんなことは感じなかったように思います。

多くの選手が米国のメジャーリーグで活躍するようになって、そうした空気も変わってきたのでしょう。そのきっかけの一つとして、二〇〇六年におこなわれたWBCにおける王貞治監督のイチローへの接し方があったと思います。

このWBCでは王が監督となりましたが、チーム編成の過程では有力なメジャーリーガーの出場辞退もありました。そうした中でイチローはいち早く参加を熱望し、リーダーとしてチームを引っ張り日本代表は優勝します。

王監督はことあるごとにイチローをたたえ、イチローもまた王への尊敬を口にしました。超一流の人どうしだからこそ生まれる信頼だったのでしょう。二人の関係がチームの中に波及していくことが勝因の一つになりました。

過去と比較するのではなく、いまの選手を信じることで士気は自然に高まります。このことは、二〇二三年のＷＢＣでも示されていました。また、他のスポーツでも実績をあげた分野では同様の傾向があります。そうなれば、過去との比較をする空気も薄れてくるのでしょう。

いっぽうで、後ろ向きの組織は、上から下まで「劣化」のあらさがしをします。実績のある人が「いまが最高だ」と言えば、それは現実になっていきます。誰も過去との比較にこだわりません。ここには、リーダーの役割がシンプルに示されていると思います。

3 「ガチャ」は不幸を呼ぶ禁断の言葉

「自分でどうしようもない」時こそ

私が就職活動をする前に先輩に言われたことで印象に残っていることがあります。「就職先以上に配属先が大事だ。あれは第二の就職みたいなもので、人生を決めるのは就職より配属だと思う」

相当昔のことで、大きな企業に入れば「一生勤める」ことが前提になっていたような時代です。大量採用をしている企業では、いわゆる「出世コース」が誰の目にもわかるようなこともありました。

現在では、大企業でもさまざまなキャリアパスがありますし、転職の機会もはるかに増えました。実力を磨いて起業する人もいます。

それでも、第一志望の会社に入ったのに、配属希望が叶わなかったことで悩む人はたくさんいます。未だによく相談を受けるのですが、「じゃあ転職すれば?」と言っても解決にはなりません。

就職した会社自体は、行きたかった会社です。待遇だって十分だし、先輩方も素晴らしい人が多い。そういう人こそ、「だのに、なぜ……」と悩むわけです。

そんな時に私が必ず言うのは「次を予期して備える」ということだけです。

会社ですからその先も異動はありますし、最近ではその際に希望を聞く制度も増えています。その時に備えるためにすることはシンプルです。

まず、いまの仕事に集中して評価を得ること。その間にも勉強を欠かさないことに尽きると思います。

加えて話すのは、かつて読んだアスリートの経験談です。スポーツはケガなどによって、休養を余儀なくされることがあります。この「自分ではどうしようもない時」にどうするか？

複数のアスリートの話に共通することは、「復帰した時のために、できるトレーニングをして準備すること」であり、「起こったことを過度に振り返らない」ということでした。まさに「次を予期して備える」を実行しています。反省はしても、「ああすればよかったのに」と悔いることはメンタルコントロールの上ではマイナスになるということです。

この話に納得した人は、その後に成果を残しています。次の異動で希望が叶う人もいれば、思い切って他社に転職した人もいます。いずれにしても「自分ではどうしようもない時」でもするべきことをしていたか？　ということが将来を決めていくのです。

「配属ガチャ」は逃避？

そんなわけで、新卒一括採用をおこなう日本企業では、配属が大きな分かれ道になることが、ずっと続いているのでしょう。ところが、最近になって「配属ガチャ」という言葉が流行るようになりました。

ガチャというのは、カプセルに入ったおもちゃが出てくる自動販売機のことを指します。正式名称は「ガシャポン」（バンダイ）、「ガチャ」（タカラトミーアーツ）のように登録商標になっています。

その後スマートフォンのゲームでも、抽選で何らかのアイテムを購入する仕組みが「ガチャ」と名付けられて、だんだんと一般名詞化していきます。

そして「自分の力ではどうしようもないこと」を「ガチャ」というような使われ方がされるようになりました。

ガチャという言葉には、軽い響きがあります。そもそもは数百円程度のカプセルトイを買う時の感覚ですから、「まあ、これでもいいか」というような感覚もあるでしょう。そして「配属ガチャ」と言えば、どこかあきらめの気持ちがにじんでいるように思います。

しかし、配属を考える人々は必死です。全員が満足しないことはわかっているけれど、できる限り希望に応えたい。その一方で組織にとって最適な配属をおこなおうとします。それを「ガチャ」と言ってしまえば、配属の意味を軽いものにしてしまうでしょう。意に沿わない配属となった人には、「どうせガチャだから」と一時の慰めになるかもしれませんが。

そこに、大切なことを見失っている可能性はないでしょうか。

見失うことの一つは、「自分自身の能力への反省」です。希望部門に配属されなかったということは、「何が足りなかったのか？」を自問する機会でもあります。

人事担当者は二言目には「適材適所」といいます。しかし、ある能力において自分よりも優れた人がいる可能性があるという事実から目を逸らさないことが発奮するきっかけになるケースもよくあります。

見失いがちなもう一つのことは、「配属された真の理由」、つまりその人が気づいていない能力です。希望通りではない部門に配属されたとしても、そこには必ず理由があります。「その仕事に向いているはずだ」とか「ぜひ挑戦してほしい」という気持ちが、その配属には込められています。

「ガチャ」のように何となく使い勝手のいい言葉は薄いベールのようなもので、本質を隠してしまうことがあります。配属が希望通りに行かない時に感じる屈辱感、それを克服する過程、その先にある自分を再発見する可能性。

思い通りにならなかった時こそが、いい機会です。

「配属ガチャ」だからと自分を見切ってしまえば、そうした機会も失われるでしょう。そして、「ガチャ」という言葉は、だんだんとその人の可能性を狭めていくのではないでしょうか。

「親ガチャ」は宿命か

「配属ガチャ」という言葉は、ビジネスの世界で話題になり、記事にもなりました。二〇一八年頃からネット上では見られるのですが、二〇二二年頃から一気に記事などが増えたようです。

そして、それ以前から聞かれるようになっていた言葉が「親ガチャ」です。自らが生まれた環境が不遇であることを嘆く言葉として、広まっていきました。二〇二一年の新語・流行語大賞のトップテンにも選出されたので、「配属ガチャ」以上にインパクトがあったのでしょう。

「親ガチャ」という言葉は新しくても、その言葉が指す状況ははるか昔からありました。「貧しい家に生まれた」や「恵まれない環境で育つ」ということは、事実として世界のあちらこちらにあります。

そのような状況を克服しようと多くの人が行動を起こし、その裏打ちとなるような思想も生まれて、また施策も実行されてきました。まだまだ不完全ではありますが、長い目で見れば、個人の置かれた境遇を社会全体の課題として解決しようとする取り組みはずっと続いています。

それでも、日本で「親ガチャ」という言葉が流行った背景については、さまざまな見方があります。

たとえば、社会的格差が固定してきたために「生まれた家」によってその後の人生の選択肢が決まってしまい、それによって若い人の間に閉塞感が高まっているということを指摘する意見があります。有名大学に入学した学生の家庭は世帯所得が平均より高いことなどを例証として挙げる人もいます。

また、親が虐待やネグレクトをするようなケースが広く報道されたり、小説などのフィクションのテーマとなったりすることも増えました。「親は尊敬するべきもの」という規範は絶対的なものではなく、子どもにとって避けようのない不幸な状況が想像以上に数多く存在していることが明らかになりました。

「親ガチャ」という言葉が広まったことには、それなりの理由があることがわかります。一方で「親には感謝するべき」という考え方の人は、「親ガチャ」という言葉に不遜な響きを感じて嫌う傾向もあるようです。

たしかに、自分ではどうしようもない経済的貧困や、虐待などの環境にいる人々に対して手を差し伸べる仕組みはより強化されるべきだと思います。言葉が流行る背景には、何らかの実態があるのでしょう。

それでも、「親ガチャ」という言葉を安易に使うことには注意が必要だと思うのです。配属を「ガチャ」と言ったとたんに大切なことを見失うのと同じことだと考えます。

本当は可能性があるのに

「親ガチャ」という言葉が、本当に自らの力ではどうしようもないような境遇にいる人が使うものであれば、ここまで流行語にはならなかったと思います。私が実際に耳にした範囲でも、十分に恵まれている人が「親との相性が悪い」時に使っているようなことも結構あります。

また、十分に「大人」と言えるような年齢の人が、「親ガチャ失敗したから」と嘆いていることもありました。社会人になって二〇年以上経っています。たしかに仕事などで不遇なところはありますが、ここに来て親のせいにすることもないのにな、と感じます。

ちょうど「親ガチャ」という言葉が流行ったので、いまの自分を正当化することに便利だったのでしょう。

この言葉の怖さは、まさにここにあると思います。親との間に何の葛藤も抱えていなかったり、家庭環境に対して何の不満もなかったりする人は、むしろ少数派だと思います。

そうした中で、ある程度の年齢になれば「親のせいにする」ことを克服していくことが自然に求められてきたと思うのです。

以前、還暦にもなって「オレは親に恵まれなかったんだ」と言っている人に遭遇したことがあります。周囲の人はみんな引いていました。どう見ても、その人はやたらと他人のせいにする傾向があったのですが、「その歳で親のせいにするのか」と周囲はあらためて驚いたのです。

人が生きていて「うまくいかないな」と感じた時に、すべてを自分の責任で反省することは難しいと思います。ある程度、周囲のせいにすることは仕方ないでしょう。

しかし、うまくいかないことを「自分で引き受けてどうにかしよう」という人もたくさんいます。仕事でも一定の成果を挙げてきた人は、そういう気構えで常に取り組んできています。

いっぽうで、「自分で引き受ける」発想がない人は、いつまでも自分の問題を棚上げして、環境に理由を求めます。

そうやってミドルになっても、それどころか老齢になっても「親のせい」のように思っている人はいます。

自分で引き受ける人たちは、そうした発想をどこかで捨ててきています。人によって違いはありますが、多くは社会に出て何年か経った頃に「ここからは自分の責任で生きていくんだ」という覚悟を決めるようです。

どちらの方が幸せに生きているかは言うまでもありません。

「親ガチャ」という言葉が流行ったことには、それなりの社会的な状況変化があったとは思います。しかし、実際に自分の努力と覚悟が足りない人が、自分を納得させて正当化するために使っていることもまた多くあると思うのです。

響きの軽い言葉ですから、ついつい冗談めかして使うこともあるでしょう。しかし、そうした言葉が知らぬ間に自分の思考を縛ってしまうこともあります。思わず言いたくなった時は、心の中に「封印」して呪いを閉じ込めることをお薦めします。

4　「失われた世代」という他人事

いったい何が失われたのか

何となく使われているけれど、よく意味のわからない言葉があります。「失われた世代」というのはその典型ではないでしょうか。

英語の lost generation からの翻訳ですが、そもそも世代＝generation というのは、失われる＝lost ものなのでしょうか？

この辺りについては追々見ていこうかと思いますが、日本ではまったく原義と異なる使われ方をしています。

いわゆるバブル経済崩壊後の一九九〇年代半ばから、二〇〇〇年代半ばまでの就職困難期に社会人になり、正社員雇用の機会に恵まれなかった世代を指すようになりました。きっかけは、ある新聞社の連載記事のタイトルです。

日本の雇用の特徴として、「新卒一括採用」と「終身雇用」が挙げられます。両者ともその質は段々と変化していますが、一度正社員になったら解雇が難しい制度であることはたしかです。

したがって企業としては経営の見通しが立たなくなれば、採用を絞っていくことになります。いまでこそあちらこちらで人手不足となりキャリア採用も増加していますが、当時はそうではありませんでした。

そうなると、特定の世代が割を食うことになります。これはどの国でも同じようなところがありますが、かつての日本では「新卒時に一生が決まる」傾向がたしかに強かったと言えるでしょう。

『大学は出たけれど』という小津安二郎の映画が一九二九年の昭和初期の公開ですから、この問題は古くからあったともいえます。

経済状況の変化によって特定の世代が影響を受けるということは、「いつ生まれたか」によって人生が左右されることともいえます。ですから、このような構造問題にスポットをあてることはジャーナリズムとしては当然でしょう。

しかし、なぜ彼らを「ロスト・ジェネレーション」と名付けたのでしょうか。この言葉はやがて「ロスジェネ」とも言われるようになり、どこかのテレビドラマのような響きになっています。

いったい、「失われた」というのはどういうことでしょうか？

社会の中から「失われた」というニュアンスなのかもしれません。だとすれば、彼らの存在を「なかったこと」にしてしまうのでしょうか。

やり直しのききにくい新卒一括採用システムが生んだ不遇な世代に対して、「あなたたちは失われたんだよ」という表現はどうしても馴染めないのです。

lostという言葉の難しさ

そもそも、ロスト・ジェネレーションとはどういう意味なのでしょうか？　その由来と日本語訳の経緯を見ていくと、この言葉の難しさがわかります。

そして、少なくとも就職が不遇の世代に対してメディアが名づけるにはいささか無理があることがわかってくるのです。

この言葉の由来を遡っていくと、第一次世界大戦後のパリにたどり着きます。そこに登場するのは、『老人と海』『誰がために鐘は鳴る』などの著者として知られる作家のアーネスト・ヘミングウェイです。

第一次世界大戦で各国は大きな犠牲を払いました。その頃に青年期を迎えた世代は、それまでの価値観に対して距離を置き、あらたな道を模索します。ヘミングウェイは一八九九年の生まれで、第一次世界大戦は一九一八年に終結しました。

そして、一九二六年の『日はまた昇る』の冒頭に、作家のガートルード・スタインの言葉を引用します。

You are all a lost generation.

このエピグラフによってロスト・ジェネレーションという言葉は広く知られるようになりました。何と言っても、扉のページをめくれば目に入ってくるのですから、小説を最後まで読まなくても知った気になってしまうのです。

そして、この言葉の日本語訳はいろいろとあります。

『あなたがたはみなうしなわれた世代の人たちです』（大久保康雄訳・新潮文庫、一九五五年）

「あなたたちはみんな、自堕落な世代《ロスト・ジェネレーション》なのよね」（高見浩訳・新潮文庫、二〇〇三年）

「あなた方はあてどない世代ね」（土屋政雄訳・ハヤカワepi文庫、二〇一二年）

ここでわかるのは、ロスト（lost）を日本語にする際にはいろいろな考え方があるということです。

ただ、ニュアンスとして近いのは、ゴルフにおける「ロスト・ボール」ではないかと感じます。プレーヤーからすれば失ったわけですが、どこかには存在しています。ただし、ゴルフのルールというある種の秩序の中においては失われています。

そう考えると「はぐれた」という感じかなと思いますし、元のニュアンスからもそういうイメージが伝わってきます。

それでは、この言葉はどのような文脈で言われたのでしょうか。ヘミングウェイの『移動祝祭日』（高見浩訳・新潮文庫）を読むとその背景がわかります。

これは、ヘミングウェイが一九二〇年代前半にパリにいた頃を回想したエッセイ集です。

まず、ガートルード・スタインが自動車を修理に出した工場の若者の手際が悪く抗議したところ、工場の主人が叱ります。

新書がもっ

2023

8月の新刊

新潮新書

毎月20日頃発売

Ⓢ新潮社

〒162-8711 東京都新宿区矢来町71 TEL.03-3266-5111 https://www.shinchosha.co.jp

と面白くなる

がんの消滅
天才医師が挑む光免疫療法

芹澤健介
医学監修 小林久隆
◉924円 611006-1

「エレガント」と評される「第五のがん治療法」光免疫療法のどこが「ノーベル賞級」なのか？　密着5年、数十時間のインタビューから浮かび上がる天才の苦闘、医学と人間のドラマ。

ウクライナのサイバー戦争

松原実穂子
◉880円 611007-8

もともとは「サイバー意識低い系」だったウクライナは、どのようにして大国ロシアと互角以上に戦えるようにまでなったのか。サイバー専門家によるリアルタイム戦況分析。

言い訳するブッダ

平岡 聡
◉858円 611008-5

「お釈迦様は眠らない」「殺人鬼も解脱できる」「肉食禁止の抜け道」……これらは全て仏教を進化させるために必要な「方便」だった——。「言い訳」で理解する仏教入門！

聞いてはいけない
スルーしていい職場言葉

「おまえたちはみんな、だめなやつら《ジェネラシオン・ペルデュ》だな」

それを受けてスタインがヘミングウェイに対して、こう言います。

「こんどの戦争に従軍したあなたたち若者はね。あなたたちはみんな自堕落な世代《ロスト・ジェネレーション》なのよ」

こうしたやり取りがこの言葉を有名にしたきっかけなのです。訳は高見浩氏ですので「自堕落な世代」としていますが、そもそもの由来をたどれば納得します。ジェネラシオンはジェネレーション、ペルデュはロストにあたるフランス語です。

そして、その後でヘミングウェイはロスト・ジェネレーションと呼ばれたことにいらだちを隠しません。

「でも、ロスト・ジェネレーションなんて彼女の言い草など、くそくらえ。薄汚い、安直なレッテル貼りなどくそくらえだ」

このように元の意味をたどって読めば、特定の世代に安易に命名するような言葉ではないように思うのです。

「失われた世代」という日本語表現も、意味を不明なものにしてしまっていると思います。どのような訳を採るにせよ、「言われれば不愉快な言葉」と言えるでしょう。

「失われた」という安易な言葉

先日ラジオを聞いていたら四〇代の出演者がこんなことを言っていました。

「バブルは大人として体験していないけれど、とはいえ俺たちを『ロスト・ジェネレーション』って言うのはひどくない？　まだ『ゆとり』とか『さとり』とか名づけられているならいいけど、『ない』ことになっているんだよ」

冗談めかして言ってはいるのですが、この言葉への違和感を当事者世代としてうまく表現していると思いました。普通に聞けば、世代ごと消滅したように聞こえるのです。

もちろん多くの人はヘミングウェイにまつわる由来など知らないでしょう。時代の流れの中から、「消された」ような感覚になると思います。

私は仕事上この世代の人をたくさん知っていますが、自分たちのことを「ロスト・ジェネレーション」と呼ばれることに抵抗感を持つ人こそいても、喜ぶ人は知りません。

世代によって雇用環境が大きく変わる日本社会の問題を掘り起こすことは重要だと思います。そうであれば「就職氷河期世代」と表現することが、日本の雇用システムの課題を考える上で大切なはずなのです。

ところが特定の世代に対して安易なレッテル貼りをしたことは、かえって問題の所在を見えなくしているのではないでしょうか。

最初に考えた人は「うまいこと言った」と思っているのかもしれません。しかし、この言葉の由来をきちんと調べれば、こうした表現は使わなかったと思います。記事を読んでもどこかジャーナリストの自己陶酔が感じられて、不遇な世代に対して他人事のように「高みの見物」をしているようにしか思えませんでした。

また「失われた」という言葉は、別の対象にも使われています。一九九〇年代以降に停滞する日本経済を指して「失われた三〇年」のように表現するケースです。最初は「一〇年」だったと思いますが、やがて二〇年になり、最近は三〇年になりました。

個人的な感覚としては、この表現もどこかしっくりきません。たしかに経済成長率のみを見れば停滞かもしれませんが、だからと言って何が「失われた」のでしょうか？

この三〇年間には、いろいろと問題もありました。天災や疫病もありましたが、日本は平和であり生活を楽しんでいる人もたくさんいます。

「失われた三〇年」と言った時、いま三〇歳以下の人の生きてきた時代は「なかった」ことになるのでしょうか。経済指標だけを見て、そこに生きている人たちに思いを馳せたことのない人が、こうした表現を好むように思います。

どんな時代でも、どんな世代でも、なくなることはありません。「失われた」と言ってしまうことで、かえって現実が見えなくなることも多いと思うのです。

メディアから発せられる自己陶酔の言葉は、時に人の思考を止めます。そうした言葉への違和感を大切にすることが、現状と未来を冷静に考えることのきっかけになると思います。

どの世代も存在しているし、どの歴史もなくなったわけではないのですから。

5 「さん付け」で風通しはよくなるのか

会社で増える「さん付け」

人の呼び方には、いろいろな意味や気持ちが込められています。親しい人どうしでは呼び捨てだったり、ニックネームだったりします。目上の人に対しては、敬称だったり、ビジネスでは役職名で呼んだりすることもあります。

最近になって目立つのは「さん付け」をしようとする動きです。会社の中で、目上の人を呼ぶのに役職名ではなく「さん」で呼ぶことを奨励する会社は増えているようです。また、小中学校においても男女を問わず「さん」で呼ぶことが定着しているようです。これは、「ちゃん」「君《くん》」ではなく、性差を問わずに共通の呼び方にすることが理由ということです。

また、企業によっては部下に対しても「さん」を付けることを奨励するケースもあると聞きます。男性どうしであれば部下を呼び捨てにすることもあると思いますが、それを改めることが狙いなのでしょう。

「さん」や「君」などの呼称詞は時代によっても使われ方が変化します。「君」はかつては敬称でしたが、現在は親しい間柄の男性に対して使われるようになりました。だからこそ、学校では性差を問わない「さん」が使われるようになったのでしょう。

気になるのは企業などで「さん付け」が広まることで、「上下の関係なく自由に意見を言える」とか「新人でも敬意を持たれる」という考え方があることです。

会社内での「さん付け」をめぐっては、ちょっとネットで検索しただけでも実にたくさんの取材記事や意見などを見つけることができます。中には、「さん付け」に反対して、役職で呼ぶべきと主張する人もいます。

しかし、そもそも呼称詞を組織内でルール化することで、何かいいことがあるのでしょうか？　少々疑問に思ってしまうこともあるのです。

「呼ばれ方」はみんな気になる

人をどのように呼ぶか？　というのはなかなかに興味深い話です。たとえば、かつての日本の武士はいくつかの名前を持っていました。幼名、諱《いみな》、仮名《けみょう》、官位などがあり、立場によって「どの名で呼ぶべきか」が決まっていたといわれます。ドラマでも「信長さま！」のようなシーンがありますが、実際には異なると言われています。

そして、呼び方についてこだわるのは日本だけではありませんし、過去のことでもありません。最近の海外の小説を読んでいるとこんなセリフが目に入りました。

「これからどうするつもり、ハービンダー？」ナタルカが刑事をファーストネームで呼んでいるのがベネディクトには信じられない。昨夜本人がそう呼んでくれと言ったのだとしても。（エリー・グリフィス著・上條ひろみ訳『窓辺の愛書家』創元推理文庫）

「ドナって呼んでもいいかい、ラブ?」

「ドナって呼んでもいいですけど、ラブとは呼ばないでください」（リチャード・オスマン著・羽田詩津子訳『木曜殺人クラブ』早川書房）

両方ともイギリスの小説で原著が発行されたのは二〇二〇年です。どちらの小説にも、呼称について書かれた箇所は他にもありますが、すべて「ファーストネーム」に関わるシーンです。

そして、ファーストネームで呼ぶ許可を求めたり、逆に「呼んでください」と言ったりすることもあります。どちらにしてもファーストネームで呼び合うことは、親しさを表しているのです。

ちなみに「ラブ（love または luv）」というのは「愛情を込めた呼びかけ」であることが英和辞典にも載っています。

海外においても「どう呼ぶか、どう呼ばれるか」が人間関係を表していることはあらためてわかっていただけたと思います。

では、会社で「さん付け」を奨励することは本当に組織にとってプラスになるのでしょうか。

「風通しがよくなる」とは

「さん付け」に関する話をいろいろ読んでいて面白かったのは、新入社員にとっては偉い人を「さん付け」で呼ぶこと自体がプレッシャーで、「やっと呼べた」とホッとしているような声もあったことです。

もともと、自由な雰囲気をつくろうとしているのに、それがプレッシャーになるというのもちょっと不思議な気がします。

そして、「さん付け」に関する話題の中でよく聞かれるのが「風通しをよくする」という言葉です。しかし、この言葉もちょっと曲者だと思います。

大学生など社会に出る前の人は、このような表現をあまりしないのではないでしょうか。私は三〇歳になる頃に上司の言葉として聞いたのですが、いま一つ意味がわかりませんでした。

最近でもよく使われていますが、ほとんどの場合言い出すのは中高年の管理職です。「もっと風通しをよくしよう」というからには、現状が「風通しが悪い」ということでしょう。ただしあくまでも比喩ですから、オフィスの換気をしたいわけではありません。なんというか中高年社員特有のテクニカルタームのような気もします。

特に定義はないのですが、上下の分け隔てなくものが言い合えるフラットな職場、ということになるのでしょうか。たしかに「さん付け」が目指すものと一致するようです。

しかし、人によっては「じゃあ、みんなで飲み会でもしようか」ということになったりします。それで風通しがよくなるかといえば、むしろ逆になることも多いのではないでしょうか。職場の人間関係をそのまま持ち込んだような宴席に「風通し」が期待できるようには思えません。

「さん付け」をルール化するというのも、それに似たところはないでしょうか？　もっと自由にするために、新しい規則を導入するというのは矛盾しているようにも思うのです。

新しい強制力が生まれる

このモヤモヤした感じが引っかかっていた時に、とある哲学者のエッセイを読んで納得しました。三木那由他さんの『言葉の展望台』（講談社）に所収の「そういうわけなので、呼ばなくて構いません」という作品です。

三木さんは大学の先生ですが、「先生」という敬称で呼ばれることに抵抗を感じていることが綴られます。そして、「『先生』と呼ばないようにしてください」と言いたいものの、それをうまく伝える方法がわからないことで、いろいろと思索を巡らせます。

このエッセイでは、言語行為という観点から言葉のあり方を考えていき、そのプロセスが書かれていくのですが、やがてこのように述べられます。

私から学生に「『先生』呼びはやめてください」と言うとき、私はこれよりも大きな強制力をこの学生に及ぼしているように思える。私は、自分がそう言いさえすれば相手が基本的に断れないということを自覚している。そして、おそらくはその力を発揮しようとしている。これは依頼とは別の行為だ。

著者が学生との間の「不均衡な権力関係」を解消しようとしながら、むしろ新たな強制力を発揮しているのではないか？　と自問する過程はいろいろなことを教えてくれます。

上下関係にこだわらずフラットにしたいとしても、それを上からの力で推し進めれば、結局はもとの上下関係をさらに強化するのではないでしょうか。本当に自由な空気であれば、呼称詞は問題にならないと思うのです。

大切なのは相手を尊ぶ風土

呼称の問題も含めて、本当に「風通しのよい組織」にしたいのであれば、経営層や管理職が余計なことをしないのが一番だと思います。

とある大企業で社長に就任した人が「もっとオープンにしよう」と言い出しました。何をするのかと思ったら、「社長室のドアは開けておく」という物理的なオープンをおこなったのです。

しかし、社長が関わることはそうそうオープンにできることばかりではありません。やがてドアを閉めることも増えたのですが、そうなれば「今日は何か聞かれたくないことがあるな」とみんな思いますし、根拠の無い噂も増えます。

そもそも、経営者の仕事は会社を正しい方向へ導くことなのですから、ドアの開け閉めなどは本質的な話ではありません。

また、「みんなが発言できるように」とミーティングを増やして、かつ必要もないのにコメントを強いるような人もいますが、メンバーの心理的な負担が増すだけです。結局は、いわゆるマイクロマネジメントになるのです。

ちなみに、micromanagementという英語をネットで調べれば、困った上司のやり方がたくさん出てきます。

「権限を委譲しない」はもちろんのこと、「常にハッスルを要求する」や「過剰にコミュニケーションする」、さらには「メールにやたらとccを入れる」といった特徴も出てきます。「風通しをよくしよう」として陥りがちな罠は洋の東西を問わないようです。

いっぽうで、大きく構えているマネージャーであれば自然に風通しはよくなります。

ちなみにこんな口癖の管理職がいました。

「もっと、私にラクをさせてくれ」

一見無責任に聞こえますが、いざというときはしっかりと部下を守っていました。取引先に謝罪する時や、経営層を説得する時は矢面に立ちます。「ラクをさせてくれ」というのは、マイクロマネジメントをしないという宣言でもあります。実際に、とてもいいチームで業績を伸ばしていました。

なお呼称についていえば、先にも書いたようにルール化は新たな強制を生むので疑問があります。ただし、呼称が風土をつくることもたしかでしょう。

私が知っているとある企業では、新人が配属された時に「学生時代何と呼ばれていたか？」と訊ねて、みんなでそう呼ぶようにしています。苗字でも、ファーストネームでも、ニックネームでも構いません。新人にとっては、新しい環境になじみやすいですし、いろいろな呼び方が飛び交うので、自然と上下を意識しない空気になっています。

人を呼ぶ、という行為は相手との関係を規定するものですし、時には「畏れ」の感情を伴います。いろいろな工夫はあると思いますが、かえって息苦しくなることは避けるべきでしょう。

6 「ワーク・ライフ・バランス」という迷路

成長には負荷が必要

いつ頃からか定かではないのですが、就職活動時に「成長できる環境で働きたい」と言う人が目立つようになりました。二〇〇〇年代に入って起業が増加し、いわゆるベンチャー系と言われる会社を志望する人が増える中で自然に目立ってきたと思いますが、ではどのような環境なら成長できるのか？　ということまで深く考えている人は少ないと思います。

会社がアピールするのは、「若いうちから大きな仕事を任せる」とか「新しいことにチャレンジできる」といった機会付与に関することがもっとも多いでしょう。さらに、教育研修システムなどの充実について積極的であることも、売りになります。

採用するからには、できるだけ大きな仕事を成功させてほしい。たしかに、それは会社にとっても社員にとってもいいことです。その一方で、誰もが成功させられるわけではありません。

仕事の能力をそれなりの水準まで高めるには本人の努力が必要です。当たり前だと思われるかもしれませんが、どのくらいの努力が適切なのか？　というのはとても難しい問題です。

努力、と書きましたが実際には負荷が伴います。できないことができるようになるためには、時間が必要です。より成長しようと努力するならば、身体的にも精神的にも負荷は増していきます。

そうだとしても、こんなことが会社案内に書いてあるでしょうか。

「目標達成のためには、チームのみんなが疲労困憊することもあります」

おそらく、書いてある会社案内はないと思います。しかし、そういうことも実際にはあるでしょう。

アスリートであれば、身体がクタクタになるまで練習することもあります。アーティストだって、アイデアを生み出すためには徹底して悩みぬくこともあります。

成長のためには努力が必要で、努力は負荷を伴い、負荷は疲労にもつながる。疲労は過労にならないようにすれば、やがて回復します。

ところが、そんな当たり前のことが言いにくくなってきました。いわゆる「働き方改革」が進む中で、働くことの本質が見えにくくなり、表面的な辻褄合わせが増えてきたからだと思います。

過酷な職場環境がなくなっていくことは良いことです。働きやすい職場は増えていると思います。いわゆる「ホワイトな職場」です。

ところが、そうした職場を離れていく若手社員が増加していることが、近年話題に上るようになってきました。

なぜでしょうか？

先にも書いたように、働いている限り負荷はかかるし、より成長しようとすればその負荷は強まります。そのこととときちんと向き合わないままに制度をいじったりしたことが一番の原因だと私は思います。

ほど良い「背伸び」とは？

たしかに日本の職場では長いこと「働き過ぎ」が問題になっていました。二〇一六年にノルウェーの哲学者が書いた本にこんな一節があります。

> 働きすぎて死んでしまうことを一語であらわすことばは、英語にはない。それは日本語では過労死と呼ばれ、中国語では「グゥォラオスー（過労死）」と呼ばれる。（ラース・スヴェンセン著・小須田健訳『働くことの哲学』紀伊國屋書店）

この後に続いて「過労死はヨーロッパとアメリカにも見られる」とも書かれていますが、「日本は働き過ぎ」という問題意識は強く存在していました。そして、いろいろな事件が起きる中で法制度も変わり、いわゆる「ブラックな職場」は減少してきていると思います。

しかし、成長したいのであれば一定の負荷が必要であることは、先にも書いたように明らかです。これを人材育成の世界では「ストレッチ」と呼びます。英語で使われる表現がそのまま持ち込まれているのですが、要は体をグーンと伸ばす「背伸び」のイメージです。

その時は、いつもよりも体に負荷がかかります。長時間椅子に座っていた後に「伸び」をする感じですが、もし本格的にストレッチをおこなえば痛みを感じることもあるでしょう。

キャリアにおけるストレッチも全く同じです。今よりも、もっと高いレベルの仕事、大きなプロジェクトに取り組もうとすれば負荷が増します。その加減をどうコントロールするか？　ということは職場において最も大切なテーマの一つです。

ところが、働き過ぎを防ぐことに注目が集まった結果、適切な負荷のかけ方が見失われてしまいました。その結果として、「職場に不満はないけれど、将来が不安」という人が増えているといいます。

「不満転職」ではなく「不安転職」が増える。この現象を聞いて、ちょっと懐かしい気がしました。実は私自身が二〇〇五年に書いた本の中で、そのような現象を指摘していたからです（『話せぬ若手と聞けない上司』新潮新書）。

当時からすでに起業の波は高まっていて、大企業からベンチャーへと転職する若手はそれなりにいました。ただしその時代は、既存ビジネスが衰退することへの不安が契機になって挑戦していたと思います。

ところが、現在は「この安穏とした職場にいては社会で通用しなくなる」という不安が若手を転職に駆り立てているようです。

比喩的に「背伸びをする」というのは「実力以上のこと」を試みることです。子どもが「背伸びをして」といわれる時は、ちょっと咎められるようなニュアンスもあるでしょう。

しかし、仕事をする時に「実力以上のこと」をする機会がなければ、成長はあり得ません。そんな当たり前のことがなぜ見失われてしまったのでしょうか。

バランスは目的ではない

そのもっとも大きな理由は「なぜ働くのか」ということを、きちんと議論したり考えたりしないままに、「働き過ぎない」ことが目的化したからだと思います。

その象徴に、ワーク・ライフ・バランスという言葉があります。仕事とそれ以外の生活の均衡を探っていこう、という趣旨は当たり前のことだと思います。ただし、日本では「働き過ぎている」ということが前提になったので、「ワーク」の負担を削減することがその主旨になってしまいました。

しかし、本当に大切なことは「働くことの意味」だと思います。つまり、働くことで喜びが得られたり、誰かの役に立つという実感が得られたりすることではないでしょうか。

哲学者の鷲田清一さんが働くことについてこんなことを書いています。

問題はやはり仕事の質であり、内容である。あるいは、内容ではなく、仕事のしかたである。労働時間の減少がかならずしも仕事のよろこびにつながるわけではない。それよりも、わたしたちの仕事から、かつて仕事のよろこびといわれたものがどんどん脱落してきた事実にこそ着目する必要がある。仕事が貧しくなっている（それとともに遊びも貧しくなっている）、そういう事態を凝視する必要がある。（『だれのための仕事』講談社学術文庫）

この本の原本は一九九六年に書かれています。つまり、一連の働き方改革がおこなわれるより、二〇年ほど前です。しかし、ここで書かれているような視点で働き方は改革されたのでしょうか。

ちなみに、この本のサブタイトルは「労働vs余暇を超えて」とあります。ワークとライフの「バランス」と捉えること自体に問題提起がされているのです。

仕事と、それ以外の生活の均衡は人によって異なります。初めからバランスを目的にするのではなく、その時の状況に応じて調整しながら結果として最適なバランスを見つけることが大切なはずです。

ここぞというときには少々の負荷がかかっても仕事を頑張りたい。そういう自然な気持ちで働いているときに、「ブラックだ」と揶揄するような空気は、結局誰のためにもならないはずです。

「はたらく」と向かい合う

ワーク・ライフ・バランスという言葉に代わって、ワーク・ライフ・インテグレーションという概念も提唱されているようです。ワークとライフを統合して充実をはかるということだそうです。対立的に捉えない、ということでは幾らかはいいように思います。ただし、それ自体はかなり前から議論されていたことは先ほど確認しました。

なんとなくわかったようなカタカナ語で働き方を論じるよりも、ちょっと泥臭いけれど「はたらく喜び」や「やりがい」のような素朴な感覚の方が遥かに大切だと思います。あまりにホワイトな職場に不安を感じて離れていった若者たちも、結局は「なぜ働くのか?」という疑問に突き当たったことがきっかけでしょう。

「先輩たちにはめぐまれたし、職場には何の不満もないんです」
「いい職場」の社員は、そう言って去っていきます。たしかに、それは事実でしょう。しかし、「無理をしなくてもおカネは稼げる」という状況が、得体の知れない不安をかきたてていくことはよくあります。

さらに、「仕事がマシンに代替される」とか「人よりもAI（人工知能）の方が優れている」といった情報を聞けば、「ラクをしている」ことに対する焦燥感も高まります。

その一方で「バランス」自体が目的化してしまっている若い社員も増えています。「無理をしない」ことを「努力しなくてもいい」と思い込んでいる社員は、多くの場合ワーク・ライフ・バランスを自分の都合で解釈して目的にしているようです。

耳に心地よい言葉が、人々を迷路に入り込ませているのがいまの職場で起きていることです。その結果として、いろいろなポジションの人に、不満と不安がたまっているのです。

「無理に働かせない」制度をつくるために多くの企業が労力を費やしてきました。しかし、これからは頑張りたい人が働きやすい環境をつくり、積極的な挑戦を促し、働いた成果に十分に報いる仕組みが求められると思います。

第3章　呪縛の言葉から解放されよう

1　「迷惑かけるな」が仕事を小さくする

唯一のアドバイスは「もっと迷惑かけろ」

会社員時代に、とても丁寧に仕事をする後輩がいました。彼がチームに入ってから、関係部署との連絡やデータの整備などはすべて任せることができたので、私は業務の全体設計やコンテンツの開発をおこなうことに専念できました。

彼の仕事ぶりは、全く問題なく安心感があります。多忙な時期には相当苦労をかけますが、私が先に帰ってもきちんと仕上げてくれます。

仕事という面では十二分に「できる」のですが、そのうち気になることが出てきました。

まず、周囲の人から頼られるあまりに、段々と彼の仕事が増えていくのです。逆に言えば、周囲が徐々にラクをするようになっていく。しかし、そのことに互いに気づいているわけではありません。

しかも彼は、何か問題がありそうだと先手を打って準備をしたり、根回ししたりもします。これは素晴らしいことで、いわゆる「隠れたファインプレー」というわけです。野球やサッカーでも、派手なプレーは目を引きます。一方で、「気がついたらプレーヤーがいてボールを押さえている」ようなプレーは、玄人受けはしますが、目立たないこともあります。

仕事はたしかに、回る。その一方で、彼がしだいに疲れていくのがわかります。体力はあるし健康上の問題にはならなくても、「新しいことに取り組む」ような気持ちが薄れていくのです。

そこで、彼にこんなアドバイスをしました。

「仕事する時って、もっと、人に迷惑かけていいから」

こういうことを言われたことはなかったでしょうから、あまりピンと来ていないようだったので、説明をします。

「すべてきちんとしようとした上に先回りし過ぎると、いまのことだけで疲弊するから。自分ですべてしないで、人を動かした上で余力を持たないと、『次のこと』ができなくなるよ」

「次のこと」というのは、将来に向けたプランを立案したり、そのための勉強をしたりすることです。それがないと、会社はずっと同じところに留まり続けることになりますから、前に進むためには当然最重視するべきだと考えます。

そのためには、まず「迷惑をかけろ」と言ったのです。

「いまのするべきこと」がきちんと回っていくのは、心地いいものです。みんなが役割分担を守っていれば、たしかにビジネスは回っていきます。

ところがここに落とし穴があるのではないでしょうか。

事を起こせば迷惑はかかる

いささか揚げ足を取るようですが、仕事が「回る」という言葉はちょっと曲者だと思っています。というのも「回る」というのは同じところをグルグルと動く回転運動のイメージです。

いわゆるルーティンワークであれば、「回る」ことは大切です。郵便配達は決められたエリアの中で、日々正確に配達をおこないます。大学の授業であれば、決まった内容を所定の時間数おこなうことで単位を出します。

「上の階の配達は面倒だからヤメ」とか「出勤するの面倒だから休講」とか言い出したら、それこそ迷惑がかかります。

ところが仕事において新しいことをする際には、このグルグル回る動きから外に飛び出る必要があります。そうなると周囲に迷惑がかかります。

たとえば人事部がより広汎な人材を獲得するため、新入社員の採用方法を変えることにしたとします。海外大学出身者や外国人、さらにキャリア採用の枠を広げるために社員からの紹介を増やしたり、試験や面接の評価を他部署にお願いしたりとなれば、たしかに負担は増えます。

新規事業開発のために既存部署から社員を集めれば、社内はもちろん得意先からも反対されることがあるでしょう。経費削減のためにいろいろな出費を減らせば、納入業者には痛手です。

どれもこれも、たしかに「迷惑をかける」といえばそうかもしれません。しかし、何か事を起こそうとすれば誰かの負担が生じることは当たり前です。

満員電車から降りるときには、人込みをかき分けなくては進めませんし、時にはドア際の人にいったんホームに降り立ってもらうこともあるでしょう。その時に、声をかけたりして摩擦を回避することもあれば、時には強引に進むこともある。仕事で新たな事を起こすというのはこういうイメージです。

ここにきて、自動車業界では電気エネルギーへのシフトが急速に進行しています。そうなると、既存の部品の中には不要となるものも出てきますから、下請け企業にとっては迷惑どころか死活問題になるでしょう。

しかし、「迷惑をかけられない」という発想では前に進まないはずです。そもそも、「迷惑をかけない」を第一義に考えていたら動かないことはたくさんありますし、それを気にしない競争相手には負けてしまうのです。

迷惑を気にしない人たち

その一方で「迷惑をかける」ということに無頓着な人もいます。自分が正しいと思ったことを進めていくので、当然にあつれきは起きます。そのため組織の中ではなかなか主流になれなかった印象です。

しかし、近年は相当変化してきたと思います。大企業でも改革が必要な局面では、「気配り上手」だと何もできなくなるからでしょう。

起業家には信じる道を進む人が圧倒的に多くなります。そうした人たちに対して老舗企業の人が、ときおり「お行儀が悪い」と言ったりしますが、暗黙の作法を当たり前だと思っていれば競争で後れをとるでしょう。

海外企業との競争でうまくいかないようなケースを見ていくと、こうしたことが実に多いことに気づきます。そもそも「迷惑をかけない」ということは、本当に美徳なのでしょうか？

いろいろ調べてみると、このような言い方自体を戒めている意見があることもわかりました。二〇二一年に出版された坪田信貴氏の『「人に迷惑をかけるな」と言ってはいけない』（SB新書）という著作では、その弊害がわかりやすく指摘されています。

著者は教育のプロですから、ここでは子育てにおける言葉の使い方を論じています。そもそも人は迷惑をかけずに生きていけるわけがありません。そうであるならば「迷惑をかけて助けてもらった分だけ、誰かにお返ししていこう」という発想の転換をすべきではないかと述べています。

また、インドや北米の例と比較して、「人に迷惑をかけるな」という躾《しつけ》が、日本の特徴であると指摘しています。

私も語学に堪能な数名に訊ねたのですが、「人に迷惑をかけるな」という言葉にぴったりくる英語の表現はなかなか難しいと言います。「余計なことして邪魔するなよ」とか、「邪魔してごめんね」という言い方は普通にあります。しかし、日本では行動を制限するようなニュアンスで「迷惑をかけるな」が使われます。これは前掲書では「消極的道徳」と言われていることですが、どうやら日本以外ではそういう発想自体が希薄なのでしょう。

そう考えて海外の目立つ経営者を見ていると、そもそも「迷惑をかける」という概念がないんだろうなと思います。二〇二二年の後半からツイッター社の買収で話題になったイーロン・マスクなどはその典型でしょう。

「お行儀が悪い」などと言っているうちに、世の中はどんどん変わっていきます。「迷惑をかけない」が日本人の国民性なのか、またそういう文化が他国にもあるかは、まだハッキリとはわかりません。

ただし、一つ思うことがあります。日本は戦後のある時期までは「迷惑をかけるな」という規範でやっていても、そこそこうまくいったのではないでしょうか。しかし、さまざまな国の人々と仕事をして競っていく中では、その発想を変える時が来ているように思います。

そういうことを考えている時に、ちょっとした「古文書」に面白いことが書かれていることに気づきました。

『金魂巻』の見ていたこと

その古文書の名前は『金魂巻《きんこんかん》』（主婦の友社）です。一定以上の年代の人にとっては懐かしい本ですし、若い人にとってはまさに古文書かもしれません。「渡辺和博とタラコプロダクション」によるイラスト満載のこの本が出たのは一九八四年のことでした。

さまざまな職業を、「金持ち」と「ビンボー」に二分したイラスト図鑑というような体裁です。そして、本の中では金持ちを「マル金」、ビンボーを「マルビ」と、○に文字を入れたロゴタイプで表現しましたが、このざっくりした二分法がうけました。ちなみに、この言葉は一九八四年の第一回新語・流行語大賞で流行語部門・金賞を受賞しています（以下本書では［金］［ビ］と表現します）。

いわゆる職業の生態を描いたこの本では、コピーライター、ファッション・デザイナーなどの「ギョーカイ人」から、弁護士、商社マンまで三一の職業を取り上げました。

そして、そんな中には「主婦」という章もあったのです。

他の職業は［金］［ビ］の二分ですが、主婦はあまりにも対象が多いということで四つに分けています。一番「上」なのが、［金］の［金］で、そこから［ビ］の［ビ］まで四つの「階層」に分けてその生態が描かれます。そして、それぞれの「子育てのモットー」という項があるのですが、これを順番に並べてみると、実に興味深いことが見えてくるのです。

こんな感じです。

［金］の［金］　男らしい子に。
［金］の［ビ］　はなやかな女の子に。
［ビ］の［金］　リーダーシップのとれる子に。
［ビ］の［ビ］　あいさつのきちんとできる子。人に迷惑をかけない子。だれからも愛される子。好き嫌いのない子。元気な子。

これを見ていてふと気づいたのは、四番目のモットーには、いかにも日本企業が社員に言いそうなことが並んでいるということです。

新入社員には、まず挨拶を教えて、「迷惑をかけずに」協調し、取引先や先輩に可愛がられることを求めます。仕事を選り好みしない、元気のいい若手は重宝されます。

ちなみに四番目の［ビ］の［ビ］のグループも、そのプロファイルを見ると当時の典型的な中流であることがわかります。夫は航空会社の地上勤務で、東京の山の手エリアに住んでいます。

そう考えてみると、この子育てのモットーは当時の日本企業で受け入れられるためにちょうど良かったのかもしれません。

一方で、一つ上のグループが重視するのは「リーダーシップ」ですが、これこそそこの三〇年ほど日本企業において重要なテーマとされてきた一つです。役職によるマネジメントではなく、人としてのリーダーシップを身につけることは今でも大きな課題ですが、逆に言うとそうした人材は希少ともいえます。

さらに、上位二つのグループでは、「らしさ」だけを強調しています。今や男らしさや女らしさを求める企業はないと思いますが、伸びている企業は社員が自分の力を信じて行動しています。

先の坪田氏の著作でも指摘されていることを考え合わせると、「迷惑をかけるな」はいまでも日本の子育てで言われることが多いようですし、企業においても同様だと思います。

一方で、新しいことを開拓していく時には、自分らしさや主体性を大事にしてリーダーシップを発揮するということが大切になるでしょう。

四〇年前の『金魂巻』の記述から日本企業の人材の課題を読み取るのはやや飛躍があるかもしれません。しかし、「人に迷惑をかけるな」という言葉の持つ潜在的な問題はなかなか根深いのではないでしょうか。

子育てから社員育成に至るまで、さまざまな局面で考え直す時期だと思うのです。

2 「許せない」思いをエネルギーに

怒りから裁きへ

誰だって怒りたくなる時はあります。普通に暮らしていても怒りは生じてきます。列に並んでいて割り込まれたとか、宅配便が時間通りに来ないとか、しばらくすれば忘れるような怒りもあります。

一方で、仕事に関わる怒りは、その人の人生を大きく変えることもあります。プロジェクトを任されてプランを立てたのに、いざ実行という段になったら中止になった。しかも経営陣の恣意的な判断でまったく理不尽だったりする。そんなことがあれば、その怒りは相当大きいでしょう。そういうことがもとで、転職につながるようなケースはよく耳にします。

このように身の回りで生じる怒りは、自分自身の利害に関わることがたくさんあります。あまり些細なことで怒ってばかりいるとストレスがたまりそうですが、ある程度は仕方ないのかなと思います。

ただし、最近気になっているのが「世間への怒り」がやたらと強い人です。世の中で起きているいろいろなことが気に入らないようで、ニュースなどを聞いてはいちいち怒っているような感じの人です。

どちらかというと、歳を重ねた人で、かつ男性に多いように思います。それなりの社会経験や知識があるからこそ、「どうしてこうなるのか」という感情が強いのでしょうか。

権力者が不正な行為をおこなったり、企業がアンフェアなことをしたりしていることに怒るのはまだわかります。しかし、芸能人のスキャンダルにやたらと目くじらを立てる人がいます。また、アスリートやスポーツチームが期待された結果を出せなかったことを延々と批判する人もいます。

ことに人気の高かった人が、何らかの理由で指弾されるようになると、その流れに乗りたくなるような人もいるようです。

どうして、そういう気持ちになるのでしょうか?

スッキリできてない人たち

世間のいろいろなことに対して怒っている人にとっては、「溜飲を下げる」という感覚なのでしょうが、この「溜飲」という言葉の由来を知るとその人の気持ちが想像しやすいと思うのです。「溜飲」のもともとの意味は、胃液がのどに上がってくるような症状のことです。消化不良などで、酸っぱい胃液が上がってくるわけですから、もちろん心地よいものではありません。それが下がれば、当然スッキリします。

世の中に対してむやみに怒りっぽい人は、自分自身に常に「ムカつき」がある。つまり現在の自分の置かれた状況に対して、どこか不満を持っている。そう考えるとわかりやすいでしょう。

そもそも仕事をきちんとしていて、余暇を楽しんで、生活に一定の満足をしている人であれば、世間に怒ったりするよりも、いい時間の過ごし方を知っていると思います。

とはいえこういう感情の人がそれなりにいるからこそ、したり顔のコメンテーターの仕事もなくならないのでしょう。

そして、こういう溜飲を下げたい人が職場にいると結構困ることが多いのです。

基本的に「ムカついている状態」なのですから、失敗を指弾することでスッキリしたがります。社内で誰かがしくじったらそれは全体の不利益なのに、そういう発想にはならないようです。

いっぽうで、競合企業がミスをすれば「それ見たことか」と喜びます。たしかに自社の利益にはなるものの、周囲は引いてしまうでしょう。

こういう人はやたらと「許せない」と言います。自分自身が不利益をこうむったら「許せない」というのもわかります。だとすれば、「半沢直樹」のように戦い抜くのもありだと思いますが、こういう人たちはちょっと違います。

自分よりも劣っていると思っている人が評価されるのも「許せない」し、あまり働かないのにのうのうとしている人も「許せない」ということになります。自分に直接関係しないけれど「許せない」というのは、私的な感情というよりも「裁いている」かのように聞こえます。

先走る正義感

先ほど、世間への怒りがやたら強い人は、どちらかというと歳を重ねた男性に多いと書きました。会社の中で人のことにムカついて溜飲を下げたがっている人にも、そういう傾向はあります。

しかし、時には若い人にもそういう人はいます。

まだまだ仕事の経験も浅ければうまくいかないことも多いですし、理不尽な思いをすることもあるでしょう。そういう時に怒りの感情を持つのは当然ですが、一足飛びに

「許せない」という感情を持ってしまうのです。それも自分のことではなく「仲のいい同期が嫌な目にあった」というようなことに対して「許せない」という感じです。

こういう人は、正義感だけが先走ってしまっているのでしょう。ピュアで真っ直ぐな気持ちを持っているけれど、どうしていいかわからないのです。

こういう人は内に秘めたエネルギーは強いと思います。だから、そこからパワーを引き出せれば、いい方向に育つ可能性があります。

「許せない」と怒っている時に、「仕方ないよ」といわゆる「大人の事情」を説くのはあまりよくない方法です。むしろ「ではどうすればいい？」と考えさせる方がいいでしょう。

本当に賢ければ、ただ怒っているだけの自分の無力さに気づくはずです。そして、将来自分がキャリアを積んだときには、若手に対して同じことをしない、と決意するかもしれません。正義感が強い人は、大きく育つ可能性があります。

怒りの感情は誰にでもあります。それが自分の中への鬱屈となっていっても、なかなか成果には結びつきません。むしろ、「溜飲を下げたい人」になってしまうでしょう。

しかし、怒りの感情を前向きにコントロールすることも可能ではないでしょうか。

「怒り」から創造も

あらためて「怒り」という感情について考えてみると、仕事をしていく上でもいろいろと気づくことがあります。

まず、自分自身の利害がからんでいるならば、程度の差はあれども自然なことです。怒りの原因となる相手に対して、ぶつかっていくかはその人次第でしょう。実力があれば逆襲していくし、そうでなければ悔しさを押し殺すことになります。

これに対して、自分自身の利害に直接関わらないことへの怒りは、少々様子が異なることを見てきました。

一つは、世の中の出来事や周囲の人の振舞いに対して、やたらと「許せない」という人がいるということです。このようにどこかムカつきがあって、「溜飲を下げたい」人とは距離を置くしかありません。

そういう人が要職にいるようだったら、その組織は危ういと思います。

もう一方で、さまざまな理不尽に対して憤りを感じやすい人たちがいます。このような感情は時に大きな創造につながることもあるのではないでしょうか。

大きなビジネスを育てた起業家の話を聞いていると、「どうしてこんな規制があるのか」「なぜこんな不公平なことが起きているんだ」というような怒りの感情が、新たな挑戦のきっかけになったようなケースもよくあります。

これは自分自身の利害に関わっているというよりも「義憤」に近い感情でしょう。また、先に書いたような「正義感が先走る若手」をいかに育てられるか？　というテーマはますます大切になっていくでしょう。

今までの傾向として、日本企業はこうした怒りの感情をうまく転化させることが苦手だったと思います。「許せない」という気持ちから、「では、どうしようか」という話に持っていくのではなく、「まあまあ」と我慢を促してしまうケースです。

これは、日本企業の人材流動性が低かったことが大きな原因でしょう。長いこと一緒にいるのだから、波風を立てて人間関係をギスギスさせたくないという防衛意識が先に立つのです。

「オープンな風土」や「風通しのよい職場」というお題目があっても、うまくいかないのはこの辺りが原因だと思います。耳が痛いことに対しては、結局聞こえないふりをする人が多いのです。

他方で伸びている会社の人たちと話していると、「ちょっとした怒り」からすぐにアイデアが出るようなところがあります。仮に仕事の進め方で誰かが疑問を発しても、「それ、たしかにおかしいよね」「こうすればどうだろう」という感じで話が進みます。「許せない」だけをやたらと乱発するようにならないためにも、「怒り」との付き合い方が大切になっていくのだと思います。

3 「やればできる」は子どものおまじない？

「やればできる」という謎の言葉

入社した時から知っているとある後輩が三〇歳になった頃、ゆっくりと話す機会がありました。そして、こんなことを言ってきました。

「それにしても、やっと新人とか若手を見ていて『何が問題か』がわかるようになりました」

「それで、何が気になったわけ？」

「いや～よくハッパかける時に『やればできるんだから！』って言う人いるじゃないですか？」

「ああ、いるねえ」

「でも、問題はそこじゃないと思うんですよ」

「なんで？」

「仕事って『やってもできない』ことがあると思うんです」

「……なるほどぉ……」

「それなのに、『やればできる』って意味ないと思うんです」

　シンプルですが、いいところを突いていると思います。「やればできる」が無意味だと言っているのではなく、「やってもできない」ところに注目しているのも鋭いと感じました。

　ちなみに、彼は営業セクションに所属しています。気になったので、その辺りの話をもう少し聞いてみることにしました。

「実際、何ができないの？」

「基本的に言われたとおりに見積もり作って、注文を受けて作業を回すことはできるんですよ。でも、商談で新しいことを提案して、先方のニーズを聞き出していくようなことは全くできないですね」

「それ、君はできてたの？」

「う～ん、いきなりはできなかったですけど、けっこう先輩がうまく引っ張ってくれたような気がするんですよね」

「じゃあ、その時のことを思い出してみればいいんじゃない？」

「そうなんです。ちょうど、その辺りを考え始めてるんですけど、周りには相変わらず『やればできる』って感じの人が多くて……」

「でも、『やってもできない』に着目したのは良かったと思うよ。『やればできる』と言われても、そもそも何を『やる』かが曖昧なんだよね、きっと」

「しかし、あれって変な言葉ですよね。わかったようなわからないような」

「まあ、ロクに勉強しない子どもに言う言葉だよね。そもそも、社会人で『やらない』ってなったら、それで終わりなんだから」

「為せば成る」という幻

こんな会話をしたのは、相当前のことでした。相談してきた彼は、観察力もあり冷静です。その後も、いいリーダーとなっていきました。

それにしても、「やればできる」というのはたしかに妙な言葉です。よく耳にするけれど、冷静になって考えるとよくわからない言葉の典型ではないでしょうか。

先に言ったように、「そもそもやるべきことをしない」状態の人に対して鼓舞する言葉のはずです。

具体性はありませんから、いわば精神論の一種です。だから、せいぜい中学生くらいまでに説教する時の「おまじない」としてならいいかもしれません。

しかし大人の社会でこのような言葉が必要だとすると、それは相当にまずい状況なのではないでしょうか。

そして、この言い方をさらに立派にした言葉があります。それが「為せば成る」でしょう。こちらはより厳めしく、しかも出典もはっきりしています。米沢藩主上杉鷹山が家臣に示したものとして伝えられています。

そのために、訓話などでもよく引用されますが、結局「よくわからない」ことについては同じようなものではないでしょうか。

「為せば成る為さねば成らぬ何事も成らぬは人の為さぬなりけり」

やはり、「やればできる、やらないからできない」ということでしょう。ちなみに「為せば成る」を辞書で調べてみると、その中には「やればできる」と書いてあるものもありました（スーパー大辞林3.0）。同じ意味といっていいわけです。

「為せば成る」については、武田信玄が同じようなことを言っていますし、中国の『書経』を出典とするなどの説もあるようです。その辺りを探ると、鷹山の「為せば成る」とはややニュアンスも異なるようですが、ここではそのことに深入りはしません。

それよりも、なぜそのような言葉が当たり前のように広まっているのか？　この辺りのことを、もう少し考えてみましょう。

「とにかくやればできた」時代があった

精神論というのは、とかく具体性がありません。それでも、それなりに広がったのには理由があると思います。そこで、この「やればできる」をちょっと掘り下げてみようと思います。

手がかりは「やってもできない」時にどうするか？　という着眼です。

これは、実際によくあるのではないでしょうか。同じ仕事に複数の人間が取り組めば、段々と差がついていきます。誰にでも得手不得手があるのだから、当たり前です。

それは子どもの体育と同じです。一斉に走り出せば差がつくし、同時に懸垂をすれば段々と脱落していく。そういうことが、さまざまな局面で起こります。

単純なようですが、もともと持っている能力は人それぞれです。それに応じて仕事を割り当てていくことが組織の基本です。

だから、誰に対しても同じように「やればできる」と言って、みんなが「やった」としても差はつきます。それでもとくに問題がなかったとすれば、こんな理由があったからだと思うのです。

・誰もがとにかく言われたことを「やる」ことで、出来が良くない人でもそれなりにどうにかなった。

・そもそも、「やる」ことの内容が、それほどスキルを必要とせず頑張ればよかった。

つまり、いわゆる「昭和の職場」であれば、通用していた発想だと思うのです。営業職であれば、とにかくアポをとって訪問していく。人によって差はつくけれど、コツコツ頑張ればいくつかは成約できる。そして、どうにか「同じ船」に乗ることができたわけです。

それが、今の職場では同じようにはいかなくなっています。

そして、「やればできる」だけではどうしようもないことを直視した企業は、きちんと未来を拓いていくと思っています。

それは、日本の働き方の変化と密接に関わっていくと考えます。

「できることをやる」職場に

近年、企業の雇用形態をめぐって「メンバーシップ型」と「ジョブ型」という二つの方法が話題になることが多くなりました。

多くの日本企業がおこなってきたのが、いわゆる「新卒一括採用・終身雇用」を核としたメンバーシップ型です。正社員として一つの企業のメンバーになれば、何らかの形で定年まで仕事が与えられる仕組みです。ただし、その組織の中でどのような仕事をするかは、基本的には会社が決めます。

ジョブ型は、「こういう仕事をする人を求めています」という求人が起点になります。その仕事で実績のある人を採用しやすくなりますし、学校での専攻などを活かして仕事をしたい人にはやりがいを感じやすいでしょう。これは、欧米では主流といわれています。

実際の雇用においては、その中間のような形態も考えられますし、部分的に導入することもあります。そして、日本においてもジョブ型の雇用を取り入れていく会社が段々と増えつつあります。

そうなると、一つの領域で実績を挙げた人は、より良い待遇を求めて会社を移ることもさらに増えていくでしょう。いずれは、一つの会社に「属する」よりも、自分の能力にふさわしい条件で「契約する」という感覚になっていくと思います。

メンバーシップ型とジョブ型には、それぞれの長短があります。しかし、これからは「メンバーシップの一員になればＯＫ」というわけにはいきません。なぜなら、その制度は日本で人口が増え続けて高度経済成長が続いた時代に確立されたものだからです。

そして、「やればできる」はメンバーシップ型の雇用だからこそ、合言葉になりえたのだと思います。

仮にジョブ型の雇用になれば、能力への要求はハッキリとしてきます。「やってできる」人も、時代とともに「やってもできない」人になるかもしれません。メンバーシップ型の企業なら、「それなりのポスト」を用意することもできたでしょう。

しかし、ジョブ型であれば「できるようになる機会」を提供することが必要になります。それぞれの人が「できること」を探す時代になっていくでしょう。そこで、「学び直し」が求められるようになったのです。

最近では「リスキリング（re-skilling）」という表現になり、政府も推進していくようです。ただし、そういうカタカナ語を広めるよりも、こう宣言した方がいいのではないでしょうか。

「もう、これからは『やればできる』という発想では通用しません」

そう言われて困るのは、根性論だけで威張っているスポーツ指導者くらいだと思います。

「やればできる」という言葉への引っ掛かりを探っていけば、実はこうした働き方の大きな変化につながっていきます。何気ない言葉に違和感をおぼえたら、じっくりと掘り下げてみることで、大きな流れの変化が見えてくるかもしれません。

４「あれが好きな人はダメ」という人こそダメ

「人それぞれ」が許せない

ずいぶん前のことですが、一人でコンサートに行った時、休憩時間に旧友と出会いました。聞けば、職場の同僚と一緒だといいます。同じような趣味だとわかって、連れ立ってきたのです。

せっかくなので、その同僚の方も含めて終演後に飲みながら軽い食事をすることにしました。

どんな演奏家が好きか？　どんなオーディオで聴いているのか？　など話は弾みます。

とりわけ、その同僚の方はさまざまな録音やコンサートをいろいろと広く聴かれているようでした。

ところが、ちょっと気になることがありました。ちょうど友人が席を外した時に、その方がこう言ったのです。

「あんな指揮者を好きな人はダメだと思いますよ」

私は、一瞬言葉に詰まりました。好き嫌いはそれぞれだとはいえ、ちょっと物言いに棘を感じたのです。

しかも、私の友人はその指揮者のファンなのです。

こんな調子で話が進んだら気まずくなってしまうと思い、懸命に話を逸らしたことを覚えています。そして、その夜は楽しい雰囲気のままにお開きとなりました。

それにしても、なぜあの言い方が気になったのか。あとで考えてみるとすぐにわかりました。

その同僚の方は、自分が好きだったり、嫌いだったりする「対象」を批評するのではなく、「その対象を好きな人」を批評してしまったのです。しかし、なぜそんな言い方をするのか、その時はよくわかりませんでした。

ところが後になって、このような言い方をする人は結構多いことがわかりました。

「あのラーメンを好きなやつの気が知れない」

「どうしてあんな映画に客が集まるんでしょうね」

「あいつのファンなんて、もう……！」

いや、ちょっとここには書きにくいような罵り言葉を発する人もいたのです。

同じカテゴリーに関心がある人どうしで話すことはたしかに楽しいと思います。古い表現であれば「同好の士」、最近であれば「推し活仲間」でしょうか。ところが自分の嫌いな対象に対しての気持ちを表現する時に、どうもその人の「見たくなかった面」が見えてしまうことがあるようなのです。

「嫌い」を表明する難しさ

誰にだって、好き嫌いはあります。好きな対象への気持ちを表明するのは、当人にとっても楽しいでしょうし、周囲にもその気持ちが伝わります。たまに「引いてしまう」ほどの熱気にあてられることもありますが、概してポジティブな気分になります。

その一方で、嫌いな対象への気持ちを伝えることは難しいと思います。

「ピーマンが嫌い」とか、「カラスが嫌だ」と言っている分にはいいのでしょうが、「ピザは食べたくない」とか「犬が気持ち悪い」とか言うと、「どうして？」と問われるかもしれません。

嫌いである、という気持ちは好きな人にはわかってもらえないものです。

だからこそ、「嫌いな対象が共通している人」が集まると、話は盛り上がります。ピザ嫌いの人が集まるような会は想像しにくいのですが、「上司の悪口で盛り上がる会社員」というのはわかりやすい例でしょう。

しかし、それが成り立つのは普段から気心の知れた同僚の雑談だからです。ところが、いきなり人の悪口を言う人も結構います。

「今度、企画室の○○さんとプロジェクト組むんですよ」

「ああ、あいつは結構偏屈だし癖があるから気をつけた方がいいよ」

本人は親切のつもりかもしれません。しかし「この人は陰で何を言うかわからないな」と思われるでしょうから、誰もが距離を置きます。やがて「人望の薄い人」となっていくのが典型的なパターンでしょう。

そう考えると、私たちは自分の好みを表明しながら、他者との距離を推し量ったり調整したりしていると思います。そして、仕事の現場でも何らかの形で意見表明をおこない、時によっては批判的なことも言うべき時があります。

そういう時こそ、言葉づかいの端々にその人の性格が見えたり、本音がうかがえたりするのではないでしょうか。

それでは、なぜ「あれが好きな人はダメ」のような物言いをしてしまうのでしょうか。

「自信のなさ」が過剰攻撃に

こうして考えた時に、先に書いた旧友のことを思い出します。彼はピアノも上手で耳も鋭敏で、音楽の話をしていると感心することがよくあります。ただし、演奏家の好みなどは異なります。

ある時私が好きなピアニストの名前を挙げたところ、彼はこう言いました。

「そっか〜、オレはちょっと苦手だけど、惹かれる気持ちも何となくわかる」

もちろん、何の問題もなくその後も話は続きました。後で思ったのですが、彼は自分の耳や感性に自信を持っているのです。別に異なる好みの人がいても、「それはそれ」と受ける余裕があるのです。

そう思った時、「あれが好きな人はダメ」という人は、自らの感覚にどうやら自信がないのではないか？　ということに気づきました。

仕事のシーンで考えてみましょう。

とあるプロジェクトを進めるにあたっていろいろなアイデア出しをすることになりました。まず若手メンバーが協議して絞り込んだ案を上司に見せた時、その中の一案が厳しく批判されたとします。

「どうしてこんな実現性の低い案が出てくるんだ。こういうのをいいと思うやつがいるんだなあ」

考えてみれば、これは大変に不毛な思考です。アイデアを評価し、時には強く否定するのは責任ある立場の人の役目でしょう。しかし、それを支持した人を批判する必要はないはずです。

「これが好きだ」「この人を支持している」、そうした気持ちを普通に保っていられない。そして、自分と好みが異なる人を攻撃してしまう。

こうなってしまう原因を考えると、その人は自信がなく、むしろ強い不安があるのだと思います。自分が否定したいことを支持する人がいる。それ自体が不安の原因なのでしょう。

それが過剰な攻撃性につながっているように思うのです。

競合企業の製品やサービスを「あんなものが」と批判する人がいます。ライバル心を持つのはいいのですが、その顧客までをも批判すればちょっと雲行きは変わってきます。「ああいうのを喜んで使う人がいるんだから、よくわからないんだよね」

こうなってくると、もはや八つ当たりです。このような発言をする人が「仕事のできる人」でないことは容易に想像できるでしょう。そういう人が担当している事業がうまくいっているのを見たことはありません。

自らの事業が劣勢にあるなら、まずはその原因を省みるべきです。競合企業のファンに当たったところで、何も変わるわけがありません。

「ファンへの攻撃」が大統領選を動かす

こうして見てみると「あれが好きな人はダメ」という物言いは、けっこう身近な人どうしの会話で発せられ、時には人間関係を左右するものだということがわかります。そして、その人の心根を表してしまうと思うのです。

そうした言葉が一国の、いやそれどころか世界の政治を左右するような結果につながったこともあります。

その事件は二〇一六年の米国大統領選挙のさなかに起きました。当初は民主党のヒラリー・クリントンが優勢と見られていましたが、共和党のドナルド・トランプの支持も強く、識者やメディアの予想ほどには差がつかないまま秋になります。

九月九日にヒラリーは支持者の集まるパーティーでこんな発言をしました。

「非常に大ざっぱに言うなら、トランプ氏の支持者の半分は『嘆かわしい人々の集まり』に入るのです」

ちなみに、「嘆かわしい人々の集まり」は、"the basket of deplorables"です。この言葉をインターネットで検索すれば、当時のニュースサイトを始めとして実に多くのページがヒットします。大統領選への影響の大きさが感じられますし、この発言がいわゆる分水嶺になったという人もいます。

ヒラリーは、「嫌いな対象」を攻撃するのではなく、「その対象を好きな人」を攻撃してしまいました。まさに「あれが好きな人はダメ」発言をよりによって、大統領選挙という大舞台で「やらかした」のです。トランプ支持者がさらに気勢を上げたのはもちろんのこと、ヒラリーに対する攻撃材料を提供したといえるでしょう。

この時の映像はインターネット上で見ることができるのですが、大変興味深いことがわかります。まず、「嘆かわしい人々の集まりです」と言った後で会場からは笑い声が聞こえます。そして彼女は間を置き、その反応に満足するようにして後を続けるのです。

つまり、彼女もその支持者もこれを失言とは全く感じていないのです。むしろ、「うまいこと言ってやった」という雰囲気が漂っています。

「嫌いな対象が共通していると盛り上がる」という意味では、まさに上司の悪口を話している人と変わりません。しかし、そういうのは当人に聞かせられるものではないはずです。それなのに、一挙手一投足が注目される大統領候補が発言したというのはなぜでしょうか。

もしかしたら、先ほどまで見てきたようにヒラリー・クリントンと陣営にも不安があったのではないかと思います。「まさか」と思われていたトランプが共和党候補に選ばれた時は、驚きこそあれ当選するようなイメージは薄く、むしろ民主党を利することになったと感じた人が多かったのです。

ところが選挙戦が進み、トランプの過激な発言が問題視されながらも、世論調査ではヒラリーのリードは広がりません。「なんであんなヤツが」という意識があり、それが勢いあまって支持者への攻撃につながったのだと思います。

好みが合わない人は世の中にたくさんいます。「それはそれ」としてイライラしない心の余裕があればいいのでしょう。しかし、何かの弾みで口にしそうな時は、自分が「嘆かわしい人」にならないように、このエピソードを思い出すことにしています。

5 「デジタル後進国」では困るけれども

「デジタル化が善」になってきた

手帳に時計、そしてオーディオ。これらの市場には二つの「派閥」が存在します。アナログ派とデジタル派です。

スケジュールはスマートフォンで管理する人が増えましたが、調査を見ると手帳の人。

気も根強いようです。時計はアナログの方が圧倒的に多いでしょう。オーディオはインターネットによる配信が主流になっていますが、米国では二〇二〇年にアナログレコードが売上高でＣＤを逆転しています。

アナログは市場によってはまだまだ健在のようです。「アナログ派」というと古いと揶揄されながらも、それなりに存在意義があるようなイメージもありました。

ところが、最近になって「デジタル化」は圧倒的な善になってきているようです。国がデジタル庁をつくりましたし、デジタル・トランスフォーメーション（ＤＸ）は、企業にとって必須のように言われています。

そして、日本は「デジタル後進国」ではないかと言われるようになりました。

日本人は日本のことを「先進国」だと思っています。実際にＧ７の一員ですから、世界でもそう思われているでしょう。

とはいっても、デジタル化については最先端とは言えないとたしかに思います。

新型コロナウイルスのワクチンが接種されるようになった時、各家庭には「接種券」が郵送されました。ちょうどその頃インドのニュースを衛星放送で見ていたのですが、インドではワクチン接種に関する手続きはスマートフォンで完結されていることを知りました。

こういう面を見ると、たしかに「デジタル後進国」と言われても仕方ないかなと思います。各国のワクチン接種の仕組みを全て調べたわけではありませんが、インドのようにデジタルで完結している国も多いでしょう。

では、なぜ日本はデジタル化で遅れてしまったのでしょうか。これは、いろいろな人が議論していますが、いくつかの要因が複雑に絡み合っていると思います。

一九九〇年代半ばからインターネットが発達していった時に、日本は既存の方法に固執していたという指摘があります。経済が低迷していたために、新たな分野への投資をためらったという人もいます。

法的な規制が多いことを糾弾する人もいますし、教育制度を問題視する声も聞かれます。なかには、「そもそも日本人は文化的にデジタルが苦手」という、やや大雑把に聞こえるような議論もあります。

また、日本の高齢化率は世界一高く「新しいことに適応できない人が多い」ということも要因の一つだという論考もあります。

どれももっともだと思いますが、私は「変化する必然性を感じにくかった」ことが、実は大きな理由ではないかと思います。

途上国だから「みどりの窓口」ができた

では、どうして変化への意欲が高まらなかったのでしょうか？　それは近代以降に作り上げた社会システムがしっかりしていたからだと思います。

ワクチン接種にしても、郵便システムがしっかりしていなければスマートフォンの方が確実です。日本はキャッシュレス化も遅れていると言われますが、贋札が多かったり、治安が悪い社会では嫌でも現金離れが進みます。

何となくうまく回っていると、ちょっとくらい不便でも変えていくことの方が面倒に感じられるものでしょう。そうなると、変化を望まない保守的な気風が強くなっていくと思います。

しかし、第二次世界大戦後の日本は違いました。

たくさんの人が亡くなりモノが失われて足りないことばかりですから、何か新しいことを生み出す必要に迫られます。そうした環境から、のちに世界的な評価を得る製品やサービスなども誕生しました。

そして、デジタル分野でも世界の先駆けといわれるものがあります。その代表が「みどりの窓口」で使われているシステムです。すべての指定席券を一括管理して発券するシステムは、世界的に見ても画期的なものでした。

この予約システムは「マルス」といって現在でもバージョンアップが続けられていますが、導入されたのは一九六〇年でした。しかし、導入する前の日本はコンピュータについては明らかに後進国でした。

一九五七年にようやく三台の実験モデルが動き出しましたが、その時すでにアメリカでは一三五〇台、イギリスで六六台、ドイツで二〇台が運用されていたのです。まだまだ日本は発展途上国、あるいは新興国という状況でした。しかし急速に成長する経済や活発になる人々の移動に対応できる新たなシステムが必要になったのです。日本は遅れていました。だからこそ画期的なシステムを生みました。

少なくとも、日本人がデジタルに馴染まないというのは虚構だと思います。それよりも、いまの環境に満足していることで、ついつい新しいことへの挑戦を忘れてしまっていることが大きな理由なのではないでしょうか。

予約システムの導入に続き、一九六四年には東海道新幹線が開業しました。日本人が新しいものを受け入れないとしても、それは国民性とは関係ないと思います。

「進み過ぎた」技術

一九七〇年代以降、日本のテクノロジーは世界を席巻しました。そんな中で海外に行くと「遅れているな」と感じることもありました。

私がはじめてヨーロッパに行ったのは一九八〇年代半ばでした。どこへ行っても歴史の重みを感じるいっぽうで、何かと不便だった印象もあります。

ホテルのテレビは映りが悪いですし、水まわりも古い。それこそ鉄道の発券などは、日本の方がはるかに進んでいる印象でした。

その頃に西ドイツに行かれた人から聞いて印象的だったことがあります。それは、タバコの自動販売機のことです。

その自動販売機は、定額しか受け付けません。その額のコインを入れてボタンを押せば、選んだタバコが出てきます。しかし、その額以下や以上の商品もあるのです。

そういった商品を買った場合はどうなるかというと、タバコケースにお釣りが入っていたり、本数が減らされていたりするそうです。

当時の日本には、お札を入れてもお釣りが出る自販機がありました。そうした環境から見ると、たしかに「遅れている」のかもしれません。しかし、私はそうは感じませんでした。

もしかしたら、ドイツの発想の方が合理的なのではないか？

何となくそう感じたことがあって、今でもこのことを思い出すのです。たしかに、日本の自動販売機やＡＴＭはよくできています。小銭をまとめてじゃらんと入れても、問題なく扱います。

しかし、それはどこか「過剰」のような気もしていたのです。

そうした技術は世界で求められていたわけではありません。紙幣や硬貨の管理をするよりもキャッシュレス決済の方が合理的と考えて、システムを構築するのが世界的な流れです。

日本はある時期に、いくつかの分野の技術面において、世界をリードしていたと思います。しかし、「進み過ぎた」ゆえに周囲が見えなくなっていたのではないでしょうか。

技術競争は、コースの決まっていないマラソンレースのようなものです。いくら速くても、大きな道を外れて袋小路に入ってしまえば、その技術は広まりません。日本の製品が時に「ガラパゴス」といわれるのも、そうしたことが原因だったのでしょう。

「成功体験」というのは、ややこしいものです。個人でも組織でも、ある時期の成功にとらわれた結果、その後に長い停滞を招くことはよくあります。現在の日本も、似たような状況にあるのでしょう。

「先進国」の次の姿はなにか

それでは、どうすればいいのでしょうか。

一つは、その時代に注目される産業分野、いわば「大きな道」の競争で頑張るということです。これは、いわゆる成長戦略としてずっと議論されてきたことです。

もう一つは、競争だけではなく、国全体としての強みを生かすということです。

後者については、ヨーロッパの国々が示唆を与えてくれます。伝統的な建築物、美術や音楽などの文化、おいしい食事などは訪れた人を喜ばせます。

そして、近年の日本も段々とその強みに気づいてきました。コロナ禍で停滞はありましたが、海外から訪れる人は日本人が当たり前に思っていたことにも高い評価をするようになりました。

新興国から来た人が日本のデジタル化が「遅れている」と思うことも多いでしょう。ホテルでもルームサービスなどは電話で頼み、いまだに現金払いのみの店が多ければたしかに「後進的」に見えるでしょう。

それは、私が何十年も前にヨーロッパに行った時の感覚と似ているのかもしれません。しかし、ヨーロッパにおける体験の前では、少々の不便さは小さなことでした。その後も何度か行きましたが、利便性よりも遥かに大切なのはユニークな文化に触れられることでした。

もしかすると、いまの日本もおなじようなところにいるのかもしれません。ワクチン接種の手続きのように、デジタル化できるものは進めてほしいと思いますが、「大きな道」での競争にどれだけの資源を投入するべきなのか？　という疑問もあります。

先進国は、developed country といいます。つまり「開発された国」です。「先進国」というと、先頭を走っているイメージですが、別の視点で見れば「もう既に開発された国」ということです。

かつて、まだ「後進国」だった日本の製品を欧米が受容したように、私たちが新興国の製品やサービスを受け入れるのも当然の流れではないでしょうか。競争が激しく、新興国の方がコスト的にも有利な分野で張り合って消耗することは決して合理的ではありません。

それよりも、安全で穏やかに生活できる環境や、味わいのある文化体験を大切にしていくことが、幸せだと考えます。そうやって「腹を括る」ほうが、産業や経済にとってもプラスに働いていくはずです。その際にデジタル技術の助けが必要になることは言うまでもありません。

もっとも新幹線やみどりの窓口が開発された時代の感覚からすると、どこか寂しい思いはあるかもしれません。しかし「先進国」という呪縛のなかで悶々とするより、「開発された国」として、これからのあり方を考えるべきだと思います。

「デジタル後進国」とつけた見出しに何かと危機感を煽られる前に、大きな流れを見ることが大切ではないでしょうか。

6 「誰にでもできる仕事」と思ったら負け

「こんなの誰にでもできるのに」

若い人が働く場を選ぶときに「成長できる環境」を求めることが多いと先に書きました。変化してきたとはいえ、伝統的な大企業では年功序列が色濃く残ります。いっぽうで、社会の変化のスピードは加速しているように感じます。

若い人が早く成長したいという気持ちは自然でしょう。企業規模や業種を問わず、新入社員の多くはそういう気持ちで入社してきます。

そうなると、最初に言われることや指示された仕事に拍子抜けする人も出てきます。まずはきちんと挨拶をして顔を覚えてもらい、会議の案内などの準備や手配をおこない、記録をとったりするのですが、どうも物足りない。

しばらく経って同僚や他の会社に行った友人が大人扱いされているように見えて、ついつい焦る人もいます。そんな時にこんな愚痴を聞くことは以前からあったし、いまでもあります。

「誰だってできるようなことしかやらせてもらえないんですよ」

これは結構、気になる言葉ではあります。気持ちはわかるのですが、「誰にでもできる仕事」というのはあるのでしょうか？

新入社員には、当初は単純で簡単なことしかさせません。それは、経験がないから当然だと思われるでしょうが、ちょっと違う面もあります。どんなに単純で簡単なことでも、人によって出来不出来があるのです。

どんな仕事でも、「一つのこと」ができなければ、その次はできないはずです。普通に縄跳びができなければ、二重跳びはできません。挨拶ができない人が、相手の都合を聞いてアポイントを取れるとは思えません。

たとえば会議を手配するにしても、人によって差がつくことがあります。

二〇二〇年に多くの企業でいきなり在宅勤務が始まり、オンライン・ミーティングが増加しました。家の中で場所の確保に苦労しつつも、「通勤時間がかからない分だけラク」などという声もありました。

しかし、しばらくすると怖ろしいことに気づきました。通勤したり得意先へ訪問したりする時間がなくなった分、やたらと会議が詰め込まれていくのです。忙しい人はトイレに行く間もなくなり、夕方になると自分で考えたり書類を作ったりする時間がまったくなかったことに気づきます。

この頃に聞いた話ですが、とある会社で会議のセッティングをする新入社員が、「六〇分の会議を五〇分で組む」ということを考えました。正時に終わるのではなく、△時五〇分に終わるようにするのです。これを上司に提案して進めたところ、チームのみんなに感謝されたと言います。

オフィスで仕事をしている時は「窓からの眺めが良い広めの会議室を確保する」あたりが気づかいだったかもしれませんが、それよりもはるかに仕事の効率に貢献する知恵だと思います。

「誰にでもできる仕事」というのは、そうそうないのではないか？　そう感じさせるエピソードでした。

パンフレットは「渡す」ものなのか

人手不足が続く一方で、物価上昇の影響を受けたコスト削減が求められています。そうなると、いままで当たり前に思えた仕事もなくなっていくかもしれません。

先日とあるコンサートに行ったところ、入場した先のテーブルにパンフレットが積んでありました。「ご自由にどうぞ」ということですが、コロナ対策の中でできる限り接触を避けようということのようです。

考えてみればわざわざそのために人を配置する必要はないのでしょう。感染対策という名目ですが、コスト削減にもなるわけです。

主催者の立場で考えれば、そんな想像もできてしまいます。その日はスマートフォンにダウンロードしたチケットで入場しましたが、そのようなお客さんはたくさんいました。やがてコンサート会場への入場も自動化されるかもしれません。

このようにして、いろいろな仕事がなくなっていくなかで、最近ではＡＩの能力も格段に上がってきました。その結果として、さまざまなマシンが人の仕事の代替をするようになるとの予測もされています。

「誰にでもできる仕事」はそうそうないのでは？　と思いつつも、パンフレットの配布のような仕事は危ういようにも思います。しかし、「いらっしゃいませ」と言いながら渡すことで、「コンサートに来たな」という気分にさせるという役割はたしかにあります。

宿泊施設などでは、出迎えや見送りを大切にします。「いらっしゃいませ」の挨拶一つとっても、その一言で「いい宿に来たな」と実感することはあるでしょう。人気のテーマパークでは、キャストの挨拶が気分を盛り上げます。

他方では、ホテルで受付ロボット、ファミリーレストランで配膳ロボットが人気になっているという話もあります。

「誰にでもできる仕事」はない。そう信じて一見地味な仕事に工夫をしていったとしても、マシンの方がいいと思われてしまえばどうしようもありません。その時に、「人が仕事をする」意味はどのようになっているのでしょうか。

「人への気持ち」がカギに

ＡＩなどのマシンがどのくらい人の仕事を代替するのか？　という議論や予測は既にたくさんおこなわれています。

一つの切り口は、どの仕事はどの程度マシンに代替されるのか？　という視点です。

さらには、将来的に多くの仕事が代替されていくことを前提にした社会のあり方を議論することもあります。

そして多くの人々が気にするのは「自分の仕事が代替されるのか？」ということでしょう。就職前であれば「ＡＩ時代でも残る仕事」に就こうと思うかもしれません。

この視点で分析・予測をおこない、世界で話題になった論文があります。

それはオックスフォード大学のマイケル・Ａ・オズボーンとカール・ベネディクト・フライによって発表された"The Future of Employment: How Susceptible Are Jobs to Computerisation?"（二〇一三）です。

タイトルは「雇用の未来～仕事はコンピュータ化によっていかに影響されるか」といった意味でしょうか。この論文では人のおこなう仕事の内容を分析して、それがどのくらいコンピュータに代替されるかをシミュレーションしました。

話題になったのは実際にある七〇二の職業を「コンピュータ化される可能性」によってランキングしたことです。これは論文末尾の引用文献の後に付表としておかれているのですが、これだけが「なくなる仕事ランキング」として一人歩きしました。

日本でも、発表の翌年くらいから多くのメディアが取り上げて話題になりましたからご記憶の方もいらっしゃるでしょう。

個別の職業について言及するとキリがないのですが、「機械でできる」というイメージの仕事に限らず、金融のオフィスワーカーなども「なくなる可能性が高い」とされていたことなどが話題になりました。

しかしこの論文がどのようにして分析されたかについては、あまり知られていないと思います。公開されているファイルを読むとわかるのですが、人間の仕事のプロセスを解体していき、それをどれだけコンピュータで代替できるのか？　という視点で分析する手法にはなかなか興味深いものがあります。

そこでは、「コンピュータで代替するうえでのボトルネック」がいくつか挙げられています。そして、その中でも興味深いのはsocial intelligenceというものです。そのまま訳せば「社会的知性」とでもなるのでしょうが、「説得」や「交渉」あるいは「社会的な洞察力」「他者を気づかい助けること」などが含まれます。

socialは「社交」という訳語もあるように、人との関係性のあり方を指します。ですから「対人的な知恵」というようなイメージになるのでしょうか。

このソーシャル・インテリジェンスが重要となる仕事は、必然的に「代替されにくい」ことになります。

一方で、ウエイターやウエイトレスはかなり代替されやすいとされています。バーテンダーですら、代替性は高いようです。しかし、ここで疑問が湧いてきます。接客業こそ、実はソーシャル・インテリジェンスが必要ではないでしょうか？

この論文への批判はいろいろとあるのですが、私はそれぞれの仕事の内容をどのように見積もるか？　という点においてやや疑問を感じています。

そして、仕事の内容を考えていくほどに「人が働く上で必要なこと」がわかってくるように思うのです。

本当の知恵とは何か

おそらくこの論文において、ウエイターやウエイトレスの仕事は「配膳と片づけ」と定義されたのだと思います。それだったら、たしかにマシンで代替されるでしょう。

ところが日本のファミリーレストランで導入されたロボットを見ていると、別の側面が見えてきます。このロボットのディスプレイは「猫顔」です。そして、猫的なキャラクターとして喋ったり振舞ったりするので、「猫型ロボット」とも呼ばれ、メディアでも話題になりました。

小さい子どものいる人に聞くと、この猫型ロボットを子どもが楽しみにしているようです。そのため店員が配膳する時に「猫ちゃんじゃなくてごめんね」と言うこともあったそうですが、それはそれで大人が喜んだといいます。

こう考えてみると、ウエイターやウエイトレスは単なる配膳作業だけをしているわけではないことに気づきます。だからこそ、「猫型」にしたのでしょうし、それによって人もまたお客さんと新たにコミュニケーションする機会ができました。

マニュアルの多いチェーン店でも、こうした他者に対する知恵は求められます。バーテンダーに至っては、お客さんとの会話こそが大切な仕事です。注文されたカクテルを配合するのはマシンでも可能だとはいえ、優れたバーテンダーであれば客のコンディションまで察して最適な飲み物を薦めます。

そのように考えれば、宿泊施設やテーマパークなどでも人が果たす役割は大切なはずです。ロボットとも、きっと共存するでしょう。

むしろ、人が人と会話をすることの意義が再認識されるかもしれません。考えてみれば、仕事の価値というのはそう簡単に計測しきれない部分がたくさんあることに気づくはずです。

仕事の価値は自分で決められる

これからも人の仕事の代替性についてはさまざまな議論がなされるでしょうし、マシンへの代替も進むでしょう。しかし、それは歴史をたどってみれば当たり前のことです。そのことに、過剰に怯える必要はないと思っています。

むしろ、一見単純な仕事を「こんなの誰にでもできるのに」と決めつけることで、自分の仕事の可能性を閉じ込めてしまっていることが問題ではないでしょうか。それこそ、「じゃあマシンでいいかな」ということになってしまいます。

「成長できる環境」を求める気持ちはよくわかりますが、まずは自分の仕事について「さらに価値を上げられるか」を考え抜いていろいろとトライすれば、「誰にでもできる仕事」などは、そうそうないことに気づくでしょう。

そこから、本当の意味でのキャリアがスタートすると思います。

一方で、仕事の価値が問われてくるのは、地位だけを頼りにして仕事をしているミドル層だと思います。

かつて経済白書（平成一二年版）が「IT革命によって雇用の構成と形態が変わる」という主旨の内容をまとめました。その内容を事前に新聞社の論説委員に説明した時、とある委員がこんなことを言ったそうです。

「IT革命で管理職が不必要になると簡単に言わないで欲しい。我々にとっては仕事を奪われたりしたら死活問題だ」

このエピソードはかつて経済企画庁の調査局長を務めた小峰隆夫氏が書かれています（エリック・ブリニョルフソン、アンドリュー・マカフィー著・村井章子訳『機械との競争』日経BP、小峰氏による「解説」）。同氏は「それは、貴方が、コンピュータに置き換えられる程度の仕事しかしていないからだ」と思いつつ、さすがに言わなかったそうですが、この論説委員と同じことを言いそうな人はあちらこちらにいそうです。

この委員の発言はなんとも情けないと思いますが、地位や年齢を問わずにそう感じている人はたくさんいるでしょう。

しかし、この言葉は大切なことを教えてくれます。

誰にでもできる仕事があるわけではありません。せっかくの機会を「誰にでもできる仕事」にしてしまう人がいるだけなのです。

おわりに――言葉で職場は変わる

人の話を聞く。それは、一般的には良いこととされています。しかし、あらゆる話に耳を傾けることはできません。しかも、「聞く必要もない話」や「聞きたくもない話」はあちらこちらにあります。

さらに、「まともに聞かない方がいい話」も多いのです。どうでもいいような噂話を聞いて嫌な感じになったり、他人の悪口を聞いて疲れたりすることもあります。まして仕事にかかわるいろいろな話は、自分なりに選んで聞かなければ大変なことになってしまいます。

仕事を進めていく上で、誰かの発する「困った言葉」が組織全体を停滞させてしまったり、メンバーの士気を低下させてしまったりすることもあるのです。そこで、敢えて「聞いてはいけない」言葉について考えてみたいと思いました。

なんとなくモヤモヤしている時は、このような言葉がどこかに引っかかっていることがあります。その引っ掛かりの理由を明らかにして、言葉を変えていくだけで職場の空気も変わるはずなのです。

一八の言葉を通じていろいろ論じてきましたが、これからの言葉との付き合い方がいくつか見えてきたように感じます。

まずは、本来の意味があいまいになってどこか怪しげになっている言葉を再定義することです。「机上の空論」という前に、実現への可能性を模索します。「寄り添う」という姿勢を示すのであれば、かならず具体的なアクションとともに見通しを明らかにします。「やればできる」という発想の前に、「やってもできない」人がいる理由をきちんと解明します。

言葉の定義を変えることは、行動を変えることにつながるはずです。

次に、負のパワーを持つ言葉との付き合い方を見直すべきです。「老害」とか「劣化」と言っていれば、いっときの憂さ晴らしになるかもしれません。しかし、そうした言葉は粉じんのようなもので、いつしか空気を淀ませてしまいます。言われる方はもちろん、言っている方もドヨンとした世界を生きることになります。

「ガチャ」も軽い気持ちで言っているうちに、いつの間にか自分をさげすむようになるかもしれません。自分の言葉に縛られてしまうのは、もったいないと思います。

そして、仕事の「新しい動き」を止めようとする言葉を追い払って、前向きな気持ちを持てるようにすることが、もっとも大切なはずです。

「絶対大丈夫か？」と言うのではなく、リスクをきちんと見積もって準備をする。「机上の空論」は、新たなことへの第一歩として自由に議論をする。「迷惑かけるな」は誰にでも言えるのだから、迷惑をかけても思い切って挑戦できる環境を整える。

そうしたことを忘れて、ブレーキをかけるばかりの人がリーダー層にいる状況こそが一番の問題です。そういう人に限って「失われた三〇年」とか「デジタル後進国」などと書いている記事を読んでため息をついたりします。

いま、そうした空気もようやく変わろうとしているのではないでしょうか。

組織が新たなことになかなか挑戦できなかったり、試みが中途半端になったりするケースはたくさんあります。その原因もいろいろと研究されてきましたが、言葉によって自縄自縛になっていたこともあるでしょう。

それとは逆に、リーダーの言葉が職場の空気を変えていくこともたくさんあります。

ちなみに、本文中で「不確実性回避の傾向が最も強い国」として挙げたギリシアですが、現在は大きく変化しています。二〇一九年に成立したミツォタキス政権は債務の削減を着実に進めて国力を回復させました。その後もさまざまな改革を掲げて、二〇二三年六月の総選挙でも勝利しています。

危機を経験したことで、それまでの意識が変化したのでしょう。私たちにとっても学ぶことがあるように思います。

「聞いてはいけない」言葉は、これからも出てくるでしょう。しかし、「聞きたくなる言葉」が発せられれば仕事は楽しくなり、職場も変わるに違いない——本書がそう信じる人たちのお役に立つことができればと強く願っています。

二〇二三年七月

山本直人

●主要な参考文献（本文中に明記しなかったもののみ）

・石田雄太『屈辱と歓喜と真実と――〝報道されなかった〟王ジャパン121日間の舞台裏』ぴあ
・今沢真『東芝不正会計――底なしの闇』毎日新聞出版
・小笠原啓『東芝 粉飾の原点――内部告発が暴いた闇』日経ＢＰ
・株式会社東芝　第三者委員会『調査報告書』（二〇一五年七月）
・Ｇ・ホフステード、Ｇ・Ｊ・ホフステード、Ｍ・ミンコフ著・岩井八郎、岩井紀子訳『多文化世界――違いを学び未来への道を探る 原書第３版』有斐閣
・杉浦一機『みどりの窓口を支える「マルス」の謎――世界最大の座席予約システムの誕生と進化』草思社
・東レ株式会社　有識者調査委員会『調査報告書』（二〇二二年四月）
・日野自動車株式会社　特別調査委員会『調査報告書』（二〇二二年八月）
・古屋星斗『ゆるい職場――若者の不安の知られざる理由』中公新書ラクレ
・三菱電機株式会社　調査委員会『調査報告書』（二〇二一年一〇月）
・山竹伸二『共感の正体――つながりを生むのか、苦しみをもたらすのか』河出書房新社

山本直人　1964(昭和39)年、東京都生まれ。慶應義塾大学法学部卒業。博報堂入社後、制作、研究開発、人事局などを経て、独立。著書に『話せぬ若手と聞けない上司』『電通とリクルート』など。

Ⓢ新潮新書

1009

聞《き》いてはいけない
スルーしていい職場言葉《しょくばことば》

著　者　山本直人《やまもとなおと》

2023年8月20日　発行

発行者　佐　藤　隆　信

発行所　株式会社 新潮社

〒162-8711　東京都新宿区矢来町71番地
編集部(03)3266-5430　読者係(03)3266-5111
https://www.shinchosha.co.jp

装幀　新潮社装幀室

印刷所　株式会社光邦

製本所　株式会社大進堂

ISBN978-4-10-611009-2　C0230